INVESTIRE NEGLI STATI UNITI

Come Guadagnare con le Case
Affittate in USA anche se non sei
Ricco come Trump e Vivi in Italia.

Michele Brizi - Roberto D'Addario

Atti legali e dichiarazione di non responsabilità

Le informazioni contenute in questo libro e il suo contenuto non intendono sostituire alcuna forma di consulenza medica o professionale; e non intende sostituire la necessità di consulenze o servizi medici, finanziari, legali o altri professionisti indipendenti, come potrebbe essere richiesto. Il contenuto e le informazioni di questo libro sono stati forniti solo a scopo educativo e di intrattenimento.

Il contenuto e le informazioni contenute in questo libro sono stati compilate da fonti ritenute affidabili e sono accurati al meglio delle conoscenze, delle informazioni e delle convinzioni dell'Autore.

Tuttavia, l'Autore non può garantire l'accuratezza e la validità e non può essere ritenuto responsabile per eventuali errori e / o omissioni. Inoltre, periodicamente vengono apportate modifiche a questo libro se e quando necessario. Laddove appropriato e / o necessario, è necessario consultare un professionista (incluso ma non limitato al proprio medico, avvocato, consulente finanziario o tale altro consulente professionale) prima di utilizzare qualsiasi rimedio, tecnica o informazione suggerita in questo libro.

Utilizzando i contenuti e le informazioni presenti in questo libro, accetti di tenere indenne l'Autore da e contro qualsiasi danno, costo e spesa, comprese eventuali spese legali potenzialmente derivanti dall'applicazione di una qualsiasi delle informazioni fornite da questo libro.

Questa esclusione di responsabilità si applica a qualsiasi perdita, danno o lesione causati dall'uso e dall'applicazione, direttamente o indirettamente, di qualsiasi consiglio o informazione presentata, sia per violazione del contratto, atto illecito, negligenza, lesioni personali, intenti criminali o per qualsiasi altra causa di azione.

Accetti tutti i rischi derivanti dall'utilizzo delle informazioni presentate in questo libro.

Accetti che continuando a leggere questo libro, ove appropriato e / o necessario, dovrai consultare un professionista (incluso ma non limitato al tuo medico, avvocato o consulente finanziario o altro consulente secondo necessità) prima di utilizzare uno dei rimedi suggeriti, tecniche o informazioni in questo libro.

Investire negli Stati Uniti
Rendite da locazioni senza pensare a nulla

Indice

INVESTIRE NEGLI STATI UNITI

Come Guadagnare con le Case Affittate in USA anche se non sei Ricco come Trump e Vivi in Italia.

Dedichiamo questo libro

ai nostri clienti

e alle nostre famiglie

per il costante e continuo supporto.

Grazie.

Introduzione

Investire negli Stati Uniti è un progetto nato dall'iniziativa di Michele e Roberto che erano alla ricerca di soluzioni alternative da offrire ai propri clienti.

In particolare Michele, che opera come consulente nel settore immobiliare da oltre vent'anni, era alla ricerca di soluzioni immobiliari che uscissero fuori dal territorio nazionale e dai soliti schemi.

Roberto invece, in qualità di consulente finanziario indipendente, era alla ricerca di soluzioni di investimento alternative al settore finanziario.

Investire negli Stati Uniti è quindi sembrata la soluzione ottimale.

Non ci si è però fermati alla soluzione.

Sono state integrate le loro competenze (immobiliari e finanziarie) per creare una solida base che un investimento immobiliare all'estero richiede.

Innanzitutto un investimento immobiliare all'estero necessità di essere prima valutato e poi gestito.

In secondo luogo un investimento immobiliare all'estero è a tutti gli effetti un asset di investimento. Quindi dovrebbe essere analizzato non solo singolarmente, ma anche come componente all'interno della gestione di un patrimonio.

Questo è il servizio che offrono e propongono.

Da dove partire quindi? Dalla lettura di questo libro che ti illuminerà su nuove interessanti opportunità di investimento.

Il libro che stai leggendo raccoglie tanti articoli che abbiamo scritto negli anni e che puoi trovare in ordine sparso e meno strutturato nel sito www.investireneglistatiuniti.com.

Qui sono stati organizzati e rielaborati per consentirne una agevole lettura e per dare una visione d'insieme ordinata sugli investimenti immobiliari all'estero, in particolare negli Stati Uniti.

Puoi decidere di procedere con una lettura organica, oppure curiosare qua e la tra i vari capitoli andando ad approfondire gli argomenti che ti incuriosiscono.

All'interno del libro troverai spiegato in modo semplice e schematico quali sono gli aspetti da valutare ed i vantaggi di un investimento immobiliare negli Stati Uniti. Conoscerai insieme a noi le varie zone del paese in cui è meglio investire con un confronto spesso richiamato al mercato immobiliare italiano, che ovviamente costituisce il primo termine di paragone.

Grazie per aver acquistato questo libro! Buona lettura!

Comprare casa negli Stati Uniti,

un piacevole investimento.

In questo capitolo conosceremo più da vicino gli Stati Uniti d'America per rispondere subito alla domanda: **perché comprare casa negli Stati Uniti?**

Gli Stati Uniti, conosciamoli.

Gli Stati Uniti sono molto di più di un Paese.

Hanno una superficie di quasi 9,5 milioni di km quadrati, quasi il doppio dell'Unione europea, dove vivono 324 milioni di persone.

Si potrebbe dire che ciascuno dei 50 Stati è una piccola nazione all'interno dell'Unione. Ogni Stato, anche da un punto di vista immobiliare, ha le sue peculiarità.

Non è la stessa cosa comprare casa negli Stati Uniti, a Detroit, ad Atlanta, a San Francisco o a New York, ad esempio. Ogni città ha caratteristiche diverse. Quindi diverse sono le opportunità immobiliari che si possono trovare.

Giusto per farsi un'idea, su questo link (https://www.idealista.it/news/immobiliare/internazionale/2016/12/13/121706-da-uno-studio-a-una-casa-cosa-comprare-con-500-000-dollari-nelle-principali) oppure nel sito www.zillow.com è possibile valutare le possibilità di investimento con un capitale di 500.000$.

Ci sono comunque tante alternative anche a partire da 60.000$, con rendimenti molto interessanti, nell'ordine del 10% netto su base annua.

La grandezza territoriale degli Stati Uniti determina delle grandi differenze anche nel prezzo di acquisto di una casa, tra una zona e l'altra.

L'importanza degli Stati Uniti nel mondo

Gli Stati Uniti hanno un peso rilevante per tutto il mondo da diversi punti di vista.

Tanto per iniziare gli Stati Uniti sono tra i paesi con il più alto reddito pro-capite al mondo (a parità di potere di acquisto) ed hanno un peso di oltre il 15% sull'economia mondiale.

Gli USA inoltre, dopo la Cina e l'India, sono il terzo paese più popoloso di tutto il mondo.

L'importanza economica e politica del Paese ha un riflesso importante anche da un punto di vista militare, tanto è vero che gli USA assorbono quasi il 40% della spesa militare mondiale.

Da ultimo, ma non in ordine di importanza, gli USA sono il paese di riferimento a livello mondiale da un punto di vista finanziario. Bisogna ricordare che tutte le materie prime (oro, petrolio, argento, rame, semi di soia, platino, ecc..), che sono alla base di tutte le produzioni industriali, sono quotate in dollari americani.

Per questo motivo la grossa parte delle transazioni commerciali nel mondo avviene in dollari.

Il valore delle obbligazioni espresse in dollari americani ammonta a 37 miliardi di dollari. Al secondo posto invece troviamo il mercato giapponese con un controvalore di circa 12 miliardi di dollari.

L'indice azionario di riferimento nel mondo è l'indice americano Standard & Poor's 500, che viene utilizzato come riferimento in molti strumenti finanziari.

Circa un terzo del PIL mondiale viene prodotto da paesi, in particolare quelli emergenti, che legano la loro valuta al dollaro americano e quindi ovviamente agli Stati Uniti.

Il dollaro americano essendo la valuta più diffusa al mondo rappresenta oltre il 60% delle riserve valutarie detenute dalle diverse banche centrali.

Da dove partire per comprare casa negli Stati Uniti?

Quando si valuta un investimento, di qualsiasi natura esso sia, ossia immobiliare o finanziario, è importante avere le informazioni circa il paese su cui stiamo prendendo esposizione. E' importante valutare la sua solidità e la sua stabilità.

E' quindi corretto porsi qualche interrogativo anche sugli Stati Uniti, che abbiamo inquadrato sopra valutandone le caratteristiche principali.

Detto questo, anche per comprare una casa negli Stati Uniti il primo criterio da seguire è quello della diversificazione.

Si parte sempre dall'analisi complessiva del proprio patrimonio al fine di elaborare un piano finanziario che ci permette di ottenere la somma disponibile da investire in immobili negli Stati Uniti.

Investire negli Stati Uniti in primo luogo rappresenta una diversificazione geografica e valutaria. Ovvero una parte del mio patrimonio si trova oltreoceano e non in Italia (diversificazione geografica) ed è in dollari americani (diversificazione valutaria).

Inoltre occorre anche assicurare una diversificazione all'interno dello stesso asset di investimento. Tradotto dopo aver determinato la somma da allocare sugli investimenti immobiliari in USA occorre, con questa somma, poter comprare almeno tre immobili al fine di ridurre il rischio. Per fare un esempio, che poi approfondiremo meglio nelle prossime pagine, se abbiamo un solo immobile e l'inquilino non paga ecco che per qualche tempo il nostro investimento non produce reddito. Se invece abbiamo ad esempio tre immobili, anche se un inquilino non paga, magari gli altri due continueranno a pagare e quindi ogni mese abbiamo un flusso di cassa positivo.

Su cosa investire oggi: quali soluzioni la banca non ti dice

Su cosa investire oggi? Per rispondere a questa domanda la prima idea che viene in mente ad alcuni investitori è di andare in Banca!

Perché la Banca è il tuo peggior nemico quando si tratta di investire e proteggere il tuo denaro?

Sembra una domanda banale, ma quello che forse non sai, è che gli interessi della Banca ed i tuoi interessi non sono gli stessi.

Ma andiamo con ordine. Partiamo dalla definizione di **investimento** che possiamo trovare su Wikipedia: "In economia per investimento si intende l'attività finanziaria di un soggetto economico detto investitore atta all'incremento di beni capitali e l'acquisizione o creazione di nuove risorse da usare nel processo produttivo al fine ultimo di ottenere un maggior profitto futuro o incrementare la propria soddisfazione personale…"

Immobiliare o finanziario?

Partiamo dagli investimenti immobiliari.

Non credere che investire negli Stati Uniti su una casa da mettere a reddito sia un'operazione solo immobiliare.
In realtà, vista la facilità di fare questo tipo di operazioni direttamente da casa, senza nemmeno dover prendere l'aereo e gestendo tutto con poche e-mail, si tratta di una operazione più finanziaria che immobiliare.

Intendiamoci bene: la parte immobiliare è fondamentale.

Infatti occorre capire cosa stiamo comprando, studiare la zona, il mercato, le prospettive di crescita ed il tasso di occupazione della zona. Tutte informazioni necessarie per evitare che la casa rimanga sfitta.

Inoltre occorre cercare di investire in aree che si stanno apprezzando, in modo da poter contare su una potenziale rivalutazione dei valori immobiliari negli anni successivi.

Poi c'è la parte finanziaria: **capire se l'investimento negli Stati Uniti è una cosa buona per te che vuoi fare un investimento oppure no**.

Si tratta di un lavoro da <u>consulente finanziario</u> (www.rdfinanza.it), aspetto seguito da Roberto, che non avendo legami con nessuna Banca o Istituto Finanziario, lo fa solo nel tuo esclusivo interesse.

Se sei sovraesposto in dollari americani o investimenti immobiliari all'estero, vai tranquillo che non te lo consiglierà MAI, nemmeno sotto tortura, non sto scherzando.

Non è mai stato semplice rispondere alla domanda su cosa è meglio investire.

Tuttavia oggi è più difficile che in passato poiché dobbiamo tenere conto di alcuni eventi che anni fa non erano nemmeno immaginabili come ad esempio il fallimento delle banche (numerosi sono stati i casi di istituti di credito interessati da questo fenomeno negli ultimi anni).

I tuoi soldi sono al sicuro?

Se tieni i soldi in Banca, pochi o tanti che siano, sei veramente certo che siano al sicuro?

Hai verificato il rating della tua Banca?

Sicuramente saprai che se la tua Banca, in cui hai dei soldi sul conto corrente o della quale detieni delle obbligazioni, dovesse fallire c'è un fondo di garanzia che copre solo fino a 100.000 euro. Il resto dei soldi sono persi.

Ma soprattutto sei certo che ci siano soldi per coprire tutti i correntisti?

Sai che se investi in obbligazioni della Banca e questa dovesse fallire, rischi di non prendere nulla? Forse avrai letto qualcosa sui giornali, ma se vai in Banca, stai pur certo che per loro queste sono delle ipotesi così remote che non te ne parlano nemmeno.

Quali certezze ci sono?

Naturalmente ci sono delle certezze. E' certo che se tengo i soldi in Banca non saranno al sicuro!! Ma cavolo, almeno rendono bene!! Avrai capito l'ironia, nemmeno tanto sottile... Infatti con lo 0,001% di rendimento all'anno non ci si paga nemmeno le spese di tenuta del conto corrente.

Questo è l'andamento dei principali tassi di riferimento ... BCE=0%; Inflazione=0%; Euribor 3 mesi=-0.31%!

Con questi valori, quanto ti potrà mai riconoscere la banca sui tuoi depositi? Ovviamente lo 0%, se va bene!

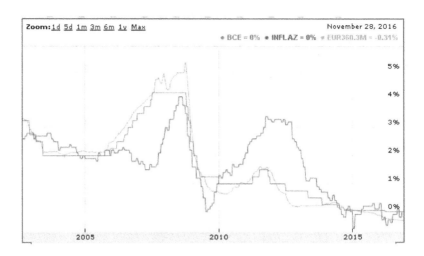

Lo so, non è colpa tua, è veramente difficile oggi capire dove mettere i propri soldi.

Io lavoro nel settore immobiliare da anni e vedo molte famiglie che per paura di tenere i soldi in Banca, preferiscono investire nel mattone e comprarsi una casetta o un appartamentino.

Ben venga, faccio questo di mestiere e per me ogni vendita è un piccolo guadagno.

Il problema è che se faccio bene il mio mestiere di consulente immobiliare devo saper appunto consigliare le famiglie.

In una logica di gestione e protezione del patrimonio, investire solo in immobili, specie se sono tutti ubicati nella stessa zona, potrebbe non essere un'idea vincente.

Infatti se ad esempio, come purtroppo è successo anche in Italia, arriva un forte terremoto che colpisce la zona in cui sono ubicate le mie proprietà immobiliari ecco che subisco un danno importante. Quindi il questo scenario il mio patrimonio immobiliare non è protetto, bensì è vulnerabile agli eventi esterni, che purtroppo possono accadere. Se invece ad esempio avessi avuto delle proprietà in un'altra area geografica allora avrei salvato almeno una parte del mio patrimonio.

Diversificazione e valorizzazione del patrimonio.

Non posso nemmeno pensare di investire solo in immobili in Italia, anche se ubicati in zone diverse, per diversificare. Magari ho già la casa di proprietà. Poi c'è la casa dei genitori e la casa dei nonni, quindi sono già sovraesposto all'immobiliare in Italia.

Ti faccio un esempio concreto.

Chi ha immobili all'estero valorizzati in dollari statunitensi gode sicuramente di una diversificazione geografica e valutaria. In altre parole proprio perché i suoi immobili sono in un altro Stato, che ha una valuta diversa dall'euro, può ritrovarsi, a distanza di tempo, con una potenziale rivalutazione, ovvero con un valore superiore rispetto al suo investimento iniziale grazie proprio alle oscillazioni del cambio euro/dollaro.

Naturalmente potrebbe verificarsi anche lo scenario opposto. Ma proseguendo la lettura troverai una parte dedicata al cosiddetto "rischio cambio", in cui numeri alla mano viene spiegato perché si tratta di un rischio molto limitato.

Perdere questa opportunità potrebbe voler dire rinunciare ad un possibile ulteriore guadagno se non fatta!

Essendo più bilanciati, ovvero contemplando investimenti per esempio sia in euro che in dollari, si può perdere da una parte ma guadagnare dall'altra ed il patrimonio ha una maggiore protezione e stabilità.

Oltre al tema della diversificazione occorre fare un cenno anche al tema del rendimento dell'investimento. Infatti potresti giustamente pensare di investire in immobili a reddito in Italia, con lo scopo magari di integrare lo stipendio o la pensione.

In effetti è vero che investire in immobili a reddito -anche in Italia- rende decisamente di più che non tenere i soldi in Banca. Ma in Italia il rendimento medio delle case locate è del 3-4% lordo. Se poi tolgo le spese, le tasse e le manutenzioni varie, non è che mi resti un granché …

La gestione e le problematiche.

Una attività fondamentale strettamente connessa agli investimenti immobiliari da locazione è la gestione della proprietà. Con un po' di sana ironia potremmo pensare che in Italia gli inquilini sono sempre TUTTI puntuali nei pagamenti. Non devi MAI rincorrerli per farti pagare, non ti chiedono mai niente se hanno dei PROBLEMI, tipo un rubinetto che non funziona, piuttosto che la caldaia che si ferma. Insomma fanno SEMPRE tutto da soli, non ti chiamano mai, specie nei fine settimana e di notte. Fa un po' ridere questa ricostruzione, vero?

Ci sto scherzando sopra perché in realtà negli Stati Uniti funziona proprio così.

Infatti la tua casa viene gestita da un Property Manager, che pensa a tutto, dalle riparazioni e manutenzioni all'incasso degli affitti. Se gli inquilini hanno dei problemi chiamano lui e non te.

Dicevamo, con un po' di ironia, che in Italia gli inquilini pagano tutti puntualmente. Ok, ma quando dovessero smettere di pagarti l'affitto allora devi prendere un avvocato, spendere 2.000 euro per una pratica di sfratto per morosità e se tutto va bene, nel giro di un anno la casa sarà libera..

Beh, sappi che in America la questione è molto differente.

Se l'inquilino non paga, cosa peraltro estremamente rara, grazie alle leggi americane, lo sbattono letteralmente fuori casa nel giro di 2-4 settimane (non mesi!!) al massimo. Fine della storia. La proprietà privata in America è sacra e la legge la tutela al 100%.

Cosa ti nasconde la Banca?

Ma torniamo alle nostre care Banche.

Perché non vogliono assolutamente che tu sappia tutto questo?

Forse conoscono benissimo l'esistenza di queste opportunità di investimento in America, ma non te ne parleranno mai e non ti diranno mai che sono facilmente attuabili anche dall'Italia. Perché? Ricordiamoci che le Banche sono società a scopo di lucro il cui lavoro consiste nel fare raccolta di denaro -con anche i tuoi soldi- remunerarlo poco o niente e, passami il termine, rivenderlo ad un prezzo (interesse) più alto.

In altre parole vogliono i tuoi soldi depositati in un conto corrente o in qualche altro investimento a loro congeniale, non per proteggerli (questo è quello che ti fanno credere) e non per farli rendere (non ti danno più nulla!!) ma solo perché i tuoi soldi li possono prestare ad altri.

A te riconoscono un miserabile tasso di interesse. Loro invece li prestano a dei tassi che vanno dal 2 al 6%. Hai capito come fanno a guadagnare? Hai capito qual è il loro vero interesse?

Ora immaginiamo lo scenario peggiore, ovvero che tutti noi correntisti andassimo a ritirare i nostri risparmi in Banca.

Ammesso che ci sia la liquidità per farlo (e non c'è!), capisci che il sistema crollerebbe in un nanosecondo?

Ecco perché non vogliono assolutamente che tu conosca delle alternative per **investire oggi** i tuoi risparmi e per farli rendere in modo molto superiore a quello che ti possono offrire loro.

Noi per la Banca siamo la concorrenza sleale. Sleale nel senso che non possono competere con noi.

Ti diranno che l'investimento immobiliare non è liquido, quindi se ti servono i soldi passano mesi o anni prima che tu venda.

Questo può essere in parte vero in Italia.

In realtà gli immobili al giusto prezzo li vendiamo anche oggi nel giro di un mese e spesso anche meno.

Stessa cosa negli Stati Uniti dove addirittura il sistema delle agenzie immobiliari (realtors) è tutto collegato grazie ad un sistema chiamato MLS, che consente la vendita in pochissimo tempo, specie nelle zone dove è consigliato investire.

Cosa ti propone la Banca?

Ma la Banca ha piacere anche di farti guadagnare due soldi, giusto due.

Come? Vendendoti prodotti bancari, fondi, obbligazioni della Banca stessa e non per esempio ETF. Che differenza c'è tra fondi ed ETF? C'è una sostanziale differenza nelle commissioni che paghi.

Ovviamente la Banca quali ti consiglia?

Quelli con le commissioni più alte, cioè i fondi. Non ci credi? Verifica tu stesso! Prova ad andare in banca a chiedere di investire in degli ETF. O ti dicono che non sanno cosa sono o te li sconsigliano perché ti dicono che sono rischiosi. Beh, ora sai cosa dire e soprattutto sai cosa fare.

Le obbligazioni della Banca invece, a fronte di un rendimento minimo, ti espongono ad un rischio veramente elevato. Potresti perdere tutto, devi valutare bene, anzi benissimo, sia la Banca che il contesto generale.

Se con queste valutazioni hai preso consapevolezza che ci sono altri orizzonti di investimento oltre all' Italia e a quello che ti propone la Banca, allora ho ottenuto il mio risultato.

Immobiliare: come sfruttare i vantaggi per vivere di rendita

Immobiliare. Anche se non ti occupi direttamente di immobiliare puoi anticipare e sfruttare a tuo vantaggio i cambiamenti del mercato immobiliare per vivere di rendita!

Immobiliare: Partiamo dalla definizione.

Seguimi nella lettura. Partiamo con la definizione che dà Wikipedia di immobile:

"Un **bene immobile** è un terreno, oppure un fabbricato o in genere una costruzione stabile, di qualunque materiale costituita, ovvero ogni combinazione di materiali di qualsiasi genere riuniti assieme, o saldamente connessi, in modo da formare un tutto omogeneo di forma particolare e prestabilita, atto all'uso cui la costruzione è destinata.

Nel linguaggio economico il termine assume il significato di bene che tende a mantenere invariato nel tempo il suo valore, cioè non soggetto a svalutazione; in determinate situazioni economiche essi sarebbero quindi classificabili come beni rifugio."

Aspetti da valutare.

Quando parliamo di immobiliare, non parliamo solo di case, ma anche di edifici commerciali o di edifici pubblici e terreni, ovvero di tutti quei beni che usiamo quotidianamente e di cui non potremo mai fare a meno.

Si, cambiano le mode, cambiano le esigenze, cambiano le tecnologie costruttive, cambiano i modi di fare immobiliare, ma resta sempre il bisogno umano di utilizzarli.

La cosa che deve far riflettere è questa: ogni giorno, qualunque azione io compia, vado ad incidere e ad influenzare il mercato immobiliare.

Voglio essere ancora più chiaro. L'immobiliare si divide essenzialmente in due grosse branche:

- Residenziale
- Non Residenziale

Cosa bisogna sapere?

Il mercato immobiliare residenziale è influenzato dal mercato del lavoro e dei servizi.

Mentre fino agli anni '60 la maggior parte della popolazione viveva nei piccoli paesi e nelle campagne, oggi la massima concentrazione di persone è nelle grandi città data la vicinanza ai posti di lavoro e a tutti i servizi quali: scuole, supermercati, palestre, negozi, bar, ristoranti ecc.

Se tutti si spostano in città, chi vuoi mai che compri la mia casa in campagna? Proviamo a pensare:

- Qualche contadino sopravvissuto
- Qualche amante spudorato della natura
- Qualche eremita (in pratica quasi nessuno!!)

Quanta offerta immobiliare si trova per questo target?

Molta offerta dato che tutti vogliono vendere.

Altra domanda. Il mercato immobiliare della campagna ha un valore a mq. alto o basso?

- Estremamente basso!!!!
- Molto meno del costo di costruzione

- Molto meno del costo di una eventuale ristrutturazione.

Pensiamo alla locazione. Il tuo immobile in campagna, si affitta bene o male?

- Molto male
- Si affitta a prezzi bassi
- Si affitta solo per i periodi di vacanza.

Quali scelte fare.

Quindi quando compri una casa, se vuoi fare un investimento **immobiliare** che sia veramente un bene rifugio, come scritto su Wikipedia, e vuoi che nel tempo si rivaluti e che generi una buona locazione, verifica bene la zona in cui si trova. In particolare verifica se è una zona in espansione oppure è una zona che nessuno vuole.

Se non è una zona appetibile allora compra casa solo per toglierti uno sfizio esattamente come se dovessi comprare una bella Lamborghini nuova. In tal caso sai che come uscirai dal concessionario il suo valore sarà diminuito, ma il tuo prestigio personale ne sarà accresciuto.

Le cose da sapere per un buon investimento.

Cosa devi valutare bene se vuoi comprare un immobile che sia veramente un bene rifugio, ti produca una rendita da locazione costante e magari si rivaluti nel tempo?

1) Verifica se il tuo patrimonio è correttamente bilanciato tra gli immobili e la valuta estera di tuo interesse, evitando sovra

esposizioni. Ad esempio se i tuoi immobili sono tutti in Italia e, peggio ancora, sono tutti nella stessa zona, ti accolli un rischio troppo elevato, come abbiamo già detto in precedenza. Meglio vendere qualcosa e comprare in un'altra valuta, come ad esempio la sterlina inglese o meglio il dollaro americano.

2) Siamo in un mercato globale quindi non basta guardare al nostro orticello. Verifica in quali Nazioni l'economia è più solida ed il mercato del lavoro più dinamico.

3) Una volta stabilito in quale Stato investire, valuta bene in quale zona ed in quale città.

4) Valuta bene il tuo budget per capire cosa ti puoi permettere. I prezzi di Londra, New York o Miami sono prezzi da capogiro. Ma in altre zone come Philadelphia, Orlando, Tampa, ci potrebbero essere ottime opportunità di investimento, con dei prezzi contenuti.

5) Valuta anche se investire in una tipologia residenziale o commerciale. Gli immobili commerciali, sebbene in genere offrono delle redditività molto interessanti, sono molto più pericolosi perché subiscono di più i forti cambiamenti portati dalle nuove tecnologie. Ad esempio i negozi stanno chiudendo perché molte persone comprano su internet.

Definisci la tua strategia. Compri per rivendere in tempi brevi o punti ad una rendita da locazione che integri le tue entrate?

Fatti seguire da un consulente esperto in materia immobiliare e che abbia già fatto operazioni comprovate, specie se all'estero.

Investire oggi in immobili, conviene?

La domanda che spesso ci facciamo è: ma con questa crisi, conviene ancora investire in immobili oggi?

Le risposte si sprecano e, guarda caso, sono spesso l'una l'opposta dell'altra.

Infatti da un lato ci sono gli ottimisti che sostengono: assolutamente sì! I prezzi sono bassi e siamo in una fase di crescita.

Dall'altro lato invece ci sono i pessimisti che sostengo: assolutamente no! La crisi non è ancora finita e i prezzi degli immobili stanno ancora scendendo.

Queste non sono solo le classiche chiacchiere da bar, ma considerazioni spesso fatte proprio dagli addetti ai lavori: agenti immobiliari, tecnici, commercialisti ecc… Chi ha ragione?

Perché le risposte a questa domanda sono così discordanti?

Prima di vedere se oggi investire in immobili conviene, cerchiamo di analizzare il momento storico nel quale ci troviamo.

Noi italiani siamo storicamente un popolo di grandi risparmiatori. Quella tra italiani e risparmio è stata in passato una relazione solida, finché non è arrivato il terzo incomodo: **la crisi finanziaria.**

Nel grafico sotto, che mostra la **propensione al risparmio nei principali Paesi europei** nel decennio 2002-2012, si vede chiaramente che, a partire dal 2006, la capacità risparmio degli italiani è crollata drasticamente.

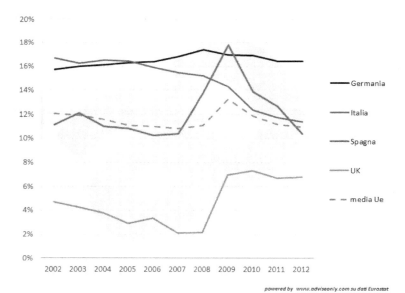

Fonte adviseonly

44

L'indagine Ipsos-Acri rileva che, a partire dal 2007, sono in aumento gli **italiani che non vivono sereni se non risparmiano**.

Due i motivi che li spingono a mettere da parte qualche soldo: la preoccupazione per il futuro o per la vecchiaia (46%) e accumulare risorse per un progetto futuro (20%), che molto spesso è l'investimento immobiliare.

Oggi gli italiani vorrebbero ancora risparmiare ma, di fatto, non ci riescono.

Investire oggi in immobili, è la scelta ideale per gli italiani?

Secondo la stessa Acri-Ipsos, l'investimento ideale per gli italiani resta anche oggi investire in immobili, ma si è dimezzata la percentuale di chi ha questa visione: dal 70% record del 2006 al 35% del 2012.

Parallelamente è salita dal 12% del 2006 al 28% del 2012 la percentuale di "sfiduciati": gli italiani convinti che non convenga investire, ma sia meglio spendere o lasciare liquidi i propri risparmi.

Chi investe, lo fa considerando due criteri: rischiosità dello strumento (39% degli intervistati, percentuale in aumento rispetto agli anni precedenti) e solidità dell'emittente (25% degli intervistati).

Questi dati confermano che gli italiani amano investire oggi in immobili perché investire nel mattone è percepito come un investimento sicuro, quindi a basso rischio, e solido, perché ovviamente tangibile.

45

A questo si aggiunge il fatto che per noi italiani la casa di proprietà è il sogno di una vita e rappresenta un qualcosa da trasferire fisicamente prima ai figli e poi ai nipoti, ovvero alle generazioni future.

Dove investono gli italiani?

L'evoluzione degli investimenti finanziari degli italiani

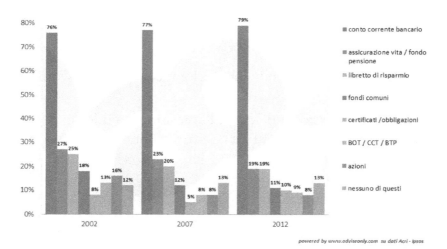

Fonte adviseonly

Dal grafico, emerge una netta **preferenza per la liquidità, basse propensioni al rischio e all'investimento** (scarsa diffusione di strumenti propri di gestione del risparmio come azioni, obbligazioni, fondi comuni) e una **preferenza delle obbligazioni rispetto alle azioni.**

Abitudini di investimento radicate negli italiani, addirittura accentuate dalla crisi.

Questo grafico, letto assieme alle considerazioni fatte sopra, conferma ancora una volta che oltre all'attaccamento quasi morboso verso il mattone, investire oggi in immobili sia percepito dagli italiani come un investimento sicuro.

Andamento del mercato immobiliare italiano.

Nel seguente grafico (Fonte: Scenari Immobiliari) vediamo l'andamento dei prezzi medi reali e delle compravendite del settore residenziale in Italia nel periodo 1993-2017.

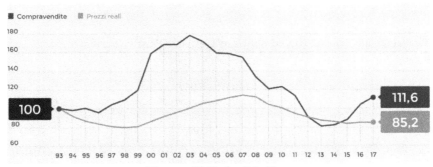

Fonte Il Sole 24 Ore

Una semplice verifica visiva mostra che a partire dal 2013 il numero delle case vendute è aumentato, mentre a partire dal 2007, il prezzo delle case è diminuito, fino a rimanere costante negli ultimi due anni.

Abbiamo detto che gli italiani amano il mattone alla follia tanto è vero che il 73% di loro è proprietario almeno di una casa, che tuttora viene considerata come un ottimo investimento. Ma non è proprio così …

Perché non conviene più investire oggi in immobili in Italia?

L'investimento immobiliare per sua natura ha delle caratteristiche oggettive e soggettive.

Da un punto di vista oggettivo è:

– poco liquido;

– deve essere valutato nel medio lungo periodo (minimo 5 anni).

Mentre da un punto di vista soggettivo:

– intervengono spesso fattori affettivi;

– comprare una bella casa eleva il proprio status socio-economico quindi, al pari di comprare una bella macchina, eleva il proprio ego.

Questa precisazione è importante perché, a nostro parere, se si vuole parlare di investire in immobili, dobbiamo valutare solo gli elementi oggettivi, o per dirla in altri termini i parametri economici e finanziari e non gli aspetti personali.

Tradotto con un esempio, se compro una bella macchina e spendo magari 80.000 euro, sicuramente elevo il mio ego, ma non il mio portafogli.

Diciamo che mi sono tolto uno sfizio, una soddisfazione, il che per carità va benissimo, ma non c'entra nulla con gli investimenti.

Quindi cerchiamo di analizzare gli aspetti oggettivi dell'investire in immobili.

La prima convinzione errata è che investire in immobili, anche se poco liquido, è comunque sicuro.

La percezione che investire in immobili sia un ottimo investimento deriva dall'errata convinzione che il prezzo delle case sia sempre in crescita.

Questa convinzione è stata demolita dalla recente crisi finanziaria ed immobiliare: tutti ancora ricordano il crollo del valore degli immobili, che si è verificato negli ultimi dieci anni in Italia e all'estero.

A questo si somma il fatto che, per sua natura il mercato immobiliare è poco liquido, a differenza del mercato finanziario. Pertanto investire in immobili non solo comporta qualche rischio, ma è anche un investimento poco diversificato.

Che cosa implica questo?

Ciò significa praticamente che, come purtroppo è successo a molte famiglie italiane, se una famiglia aveva acquistato una casa nel 2006-2007 (nel momento massimo dei prezzi) e si è trovata costretta a venderla per sopraggiunte necessità, come ad esempio la perdita del lavoro, il valore immobiliare nel frattempo si è ridotto, a volte sino al 50% e oltre.

Questo ha spesso determinato che l'ammontare del mutuo residuo sulla casa fosse superiore al valore di mercato della stessa, quindi non potendo più far fronte al pagamento delle rate del mutuo la casa è andata all'asta.

Si, ma investire in immobili è un'attività che deve essere valutata nel lungo periodo ...

Questa è la seconda grande obiezione alla quale cerchiamo di rispondere con dei dati.

Con un'inflazione bassa investire nel mattone oggi dà risultati deludenti.

Come spiega l'economista Nicola Zanella "In Italia a partire dal 1992, ossia da quando l'inflazione annuale è scesa stabile sotto il 5%, la crescita annuale media dei prezzi immobiliari è stata del 2,6%.

Al netto dell'inflazione i prezzi degli immobili sono cresciuti in media dello 0,4%."

Non siamo i soli a vederla così ...

In una recente intervista rilasciata a <u>Business Insider,</u> il Premio Nobel per l'Economia, **Robert Shiller** ha dichiarato:

"La gente deposita tutti i suoi risparmi in una casa, ma una dimora necessita di spese di manutenzione, perde valore e passa di moda.

Tutti questi sono dei problemi.

L'immobiliare è un settore che alla pari degli altri deve fare i conti con il progresso tecnico. Le nuove case sono migliori delle precedenti e questo toglie valore al prodotto già realizzato".

"La moda di mettere su casa è qualcosa di relativamente recente. Dal 2000 al 2008 i prezzi non facevano altro che aumentare e poi sappiamo tutti com'è finita(…).

L'investimento in immobili è come comprare un'automobile.

Compreresti una macchina di 20 o 30 anni a un prezzo superiore e nelle stesse condizioni di quando si acquistò per la prima volta? Ovviamente non è una buona idea perché la gente non vuole macchine usate.

E' lo stesso avviene per le nostre case. Per questi motivi, al giorno d'oggi il mattone non è più uno strumento di investimento redditizio".

E' interessante sapere che non siamo i soli a pensarla così …

Investire oggi in immobili da affittare, è una buona idea?

Anche in questo caso prima di rispondere alla domanda risulta doverosa una premessa.

I dati, anche quelli che abbiamo riportato ed analizzato, mostrano che l'investitore italiano è mosso principalmente da due aspetti:

1 – bassa propensione al rischio;

2 – ricerca della sicurezza.

Tutto sommato investire in immobili, con le dovute valutazioni preliminari, può soddisfare entrambi questi aspetti. Ma vediamo come, e soprattutto dove!

Quando ci si approccia ad un investimento, anche e soprattutto ad un investimento immobiliare, non dobbiamo mai dimenticare il **principio della diversificazione**.

Bisogna prima di tutto chiedersi: qual è l'obiettivo finale del mio investimento? Ovverosia, che cosa voglio fare con i soldi che guadagnerò con questo investimento?

Non andremo oltre questo inciso, tuttavia farsi queste domande è di vitale importanza!

Adesso torniamo alla domanda iniziale: investire oggi in immobili da affittare in ITALIA, è una buona idea?

Il grafico seguente mostra il rendimento annuo lordo di un immobile dato in locazione in una grande città nel periodo 2004 – 2015.

Nota: *il rendimento annuo lordo* di un immobile in locazione è il rapporto tra i canoni di locazione annui (cioè la somma delle 12 mensilità) e il capitale investito per l'acquisto dell'immobile.

Risulta evidente che il rendimento annuo lordo medio – in una grande città – si attesta attorno al 4%.

E' tanto o è poco?

Sicuramente è tanto se paragonato con i rendimenti attesi da altri investimenti finanziari come BOT, BTP, CCT, oppure somme depositate su un conto corrente bancario, che attualmente rendono zero.

Tuttavia vediamo quali sono i lati negativi.

In Italia se possiedi un immobile che dai in locazione devi pagare le imposte (IRPEF o cedolare secca, a seconda del tipo di contratto, registro e bollo sui contratti di locazione).

In media le imposte sul reddito da locazione incidono per un 20%, a seconda del tipo di contratto e del conseguente regime fiscale a cui lo stesso è assoggettato.

Allora proviamo a fare due conti.

Supponiamo di avere 100.000 euro da investire nel mattone oggi. Con questa somma decido di comprare una casa da mettere in affitto.

Oltre al costo di acquisto devo considerare anche il costo del notaio per l'atto di compravendita, e magari per l'atto di mutuo, le imposte sul trasferimento della proprietà (IVA, registro, catastale e ipotecaria) e la provvigione dell'agenzia immobiliare.

Ipotizziamo con questa somma di coprire tutte le voci di spesa, e che l'affitto dell'immobile dia un rendimento lordo del 4%.

Ciò significa che ogni anno entrano nel conto corrente 4.000 euro lordi. Considerando la tassazione del 20%, ipotizzata sopra, rimangono 3.200 euro.

Il che significa un rendimento netto del 3,2%!!

Investire oggi in immobili, le considerazioni da fare.

Ma questi sono tutti soldi che ti metti in tasca? In realtà no! Vediamo perché.

Trascurando, per semplicità, la perdita di valore dell'immobile nel tempo, è la crescente pressione fiscale che rende sempre meno stuzzicante l'idea di investire oggi in immobili.

In Italia infatti abbiamo cinque categorie di imposte che gravano sugli immobili:

– **di natura reddituale**, a carico del proprietario, in cui viene tassato il reddito prodotto dalla proprietà o dal possesso del bene (IRPEF, IRES);

– **di natura patrimoniale**, a carico del proprietario, il cui presupposto è la proprietà o il possesso del bene (IMU);

54

– sui servizi pubblici resi ai proprietari di immobili (TASI), almeno in parte a carico del proprietario;

– imposte sul trasferimento a titolo oneroso (IVA, registro, catastale e ipotecaria), di cui abbiamo parlato sopra, e che sono a carico del proprietario al momento dell'acquisto;

– tasse sul trasferimento a titolo gratuito (successioni e donazioni);

– imposte sulle locazioni (cedolare secca, registro e bollo sui contratti di locazione) a carico del proprietario e di cui abbiamo parlato sopra, stimandole attorno al 20%;

– spese condominiali, almeno in parte a carico del proprietario, oltre alle spese condominiali di natura straordinaria.

Tornando al nostro esempio, se stimiamo in via prudenziale in 500 euro le imposte da pagare oltre alle imposte sulla locazione, ecco allora che in realtà tu che hai scelto di investire oggi in immobili in Italia non metti in tasca 3200 euro ma 3200-500=2700 euro.

Il che significa un rendimento netto del 2,7%.

L'esempio ovviamente è di fantasia. Ma vero è che il rendimento netto medio atteso in Italia dalle locazioni di immobili residenziali si attesta attorno al 2-3%.

Se anche tu hai un immobile affittato nel Bel Paese, oppure se anche solo hai parlato con qualche amico, questi sono i numeri!

Concorderai con me che questi rendimenti non sono entusiasmanti. Ma soprattutto questa è davvero una rendita passiva?

In Italia direi proprio di no.

Infatti tutti sanno che nel Bel Paese le norme sulle locazioni tutelano gli inquilini e non i proprietari.

Ergo, se l'inquilino decide di non pagare più l'affitto, il proprietario deve iniziare una causa di sfratto che ha tempi lunghi (anche fino a 24 mesi) e costi importanti.

E ciò, ovviamente, senza considerare il tempo perso dal proprietario e il fegato che si spappola per le arrabbiature …

Non voglio infierire, ma se va bene e trovi un inquilino serio che paga l'affitto, allora probabilmente ti romperà le scatole per ogni cosa.

Si fulmina una lampadina e ti chiama.

Non viene l'acqua dalla doccia e ti chiama.

Si rompe la caldaia in inverno e ti chiama (infamandoti come un cane), come se la colpa fosse tua.

Lo sai come funziona. Da noi rispettare gli accordi presi con un contratto non è normale... In Italia vige il motto: pago quindi pretendo!!!

Pertanto lasciamo a te che ci leggi la risposta alla domandi che ci siamo fatti ... E allora che fare?

Perché investire negli USA è una buona idea?

L'America non esiste!!!

Mi spiace darti questa notizia.

Scherzi a parte mi spiego meglio ...

Anche investire in immobili negli Stati Uniti presenta caratteristiche simili all'investimento immobiliare in Italia e nel resto del mondo.

Infatti per investire in immobili negli Stati Uniti non ti devi mai dimenticare che:

– l'investimento nel mattone per sua natura è poco liquido;

– devi sempre valutare l'investimento nel mattone su un periodo di tempo adeguato.

Tuttavia qui parliamo di immobili da acquistare e da mettere a reddito, cioè da affittare.

Gli americani sono molto diversi da noi italiani.

In primo luogo non hanno lo stesso attaccamento morboso che abbiamo noi per gli immobili.

Considerano la casa come un bene di uso quotidiano, al pari della macchina. Poi il mercato del lavoro è molto dinamico.

Magari oggi lavoro a New York e tra 6 mesi mi sposto a Chicago. Quindi vivere in affitto consente di adattarsi meglio a questa necessità di spostamento.

I prezzi degli immobili sono scesi sensibilmente a seguito della crisi dei mutui sub-prime del 2007-2008.

Invece i canoni di affitto delle case non sono scesi di pari passo, perché la richiesta di case in affitto non è mai diminuita, essendo la casa un bene primario.

Negli Stati Uniti è molto forte la tutela della proprietà privata.

Se un inquilino non paga l'affitto dopo al massimo 34 giorni viene sbattuto fuori casa dallo sceriffo, senza la necessità di fare "sfratti per morosità" con il tuo avvocato, con tutte le conseguenze che già conosci ...

Chi mi gestisce la casa in USA?

Ovvero chi si occupa di trovare l'inquilino, verificare che non mi distrugga la casa, pagare le tasse, pagare il condominio e riparare i guasti nell'abitazione?

Negli Stati Uniti esiste una figura professionale che fa tutto questo e si chiama **property manager**.

Non so se ne hai mai sentito parlare, ma in Italia una figura così non esiste!

Da noi, se va bene, c'è l'amministratore di condominio, che al massimo riesce a mantenere in efficienza le parti condominiali dello stabile e a risolvere qualche problema tra i condomini.

Tutte le altre questioni se le deve sorbire il proprietario.

Se sei in pensione e non sai come passare il tempo, comprare una casa da affittare in Italia potrebbe essere una buona idea. Sicuramente troverai qualcosa da fare!

Rendimento medio da locazione in USA.

Una delle prime domande che ci sentiamo rivolgere quando si parla di investimenti immobiliari in USA è: qual' è il rendimento medio di un'immobile dato in locazione negli Stati Uniti?

Anche negli Stati Uniti, ovviamente, puoi acquistare immobili a qualunque cifra.

Però vale in linea di massima lo stesso principio che vale in Italia.

Maggiore è il prezzo di acquisto di un immobile, e quindi maggiore è l'investimento, e minore è la redditività.

Noi selezioniamo accuratamente immobili che abbiano un prezzo di acquisto contenuto e che quindi consenta una elevata redditività, che siano ubicati in posizioni liquide e che siano già pronti per essere affittati.

Dopo questo complesso lavoro di ricerca e selezione abbiamo degli immobili con i quali si riesce ad ottenere una rendita da locazione dal 7 al 13% netto annuo!!!

Investimenti da Cash Flow e Capital Gain, quali differenze negli immobili?

Investimenti da Cash Flow e Capital Gain, quali differenze ci sono nelle operazioni immobiliari?

Un investitore immobiliare consapevole ed attento, saprà sicuramente rispondere a questa domanda: qual è la differenza tra **investimenti da Cash Flow** e da Capital Gain?

Proviamo insieme a definire con chiarezza i due concetti.

Con il termine investimenti da Cash Flow, che è la traduzione letterale di "flusso di cassa", si fa riferimento ad un investimento che ha l'obiettivo di generare dei flussi di cassa nel tempo.

Fare **investimenti da Cash Flow** nel campo immobiliare, significa acquistare un immobile con l'obiettivo di generare, attraverso la messa in locazione dello stesso, un'entrata ricorrente che, in genere, almeno per gli immobili residenziali, ha una cadenza mensile.

Quindi si parte dall'idea di immobilizzare un capitale per un periodo di tempo medio-lungo, di almeno 3-5 anni o anche oltre, con lo scopo di ottenere un **rendimento mensile**.

Investimenti da Cash Flow e rendimento.

Ecco che abbiamo introdotto un altro concetto, che è appunto quello di **rendimento**.

Nel caso in esame, il rendimento di un immobile dato in locazione, cioè in affitto, è il **rapporto tra il reddito prodotto dall'immobile ed il suo prezzo di acquisto** e si esprime in percentuale.

Questa percentuale consente all'investitore di confrontare immobili diversi, appunto in termini di rendimento.

Tuttavia, il rendimento non è l'unico parametro da esaminare per effettuare una scelta corretta di un immobile da mettere a reddito.

Investimenti da Capital Gain e rendimento.

Invece, investire in immobili con l'obiettivo di generare un Capital Gain, cioè un guadagno, significa acquistare un immobile ad un certo prezzo con l'obiettivo di poterlo rivendere ad un prezzo superiore magari grazie ad uno o più interventi di valorizzazione, tra i quali citiamo: la ristrutturazione, l'home staging, il marketing immobiliare.

La differenza tra il prezzo di vendita e il prezzo di acquisto, al quale ovviamente vanno sommati tutti i costi accessori, genera, o almeno questo è l'obiettivo, un guadagno, che appunto si chiama **Capital Gain o plusvalenza**.

Cerchiamo di capire con un esempio come si calcola, in un investimento da Cash Flow, il flusso monetario generato da un immobile dato in locazione?

Calcolo del flusso di cassa.

Prendiamo il nostro investitore tipo, Mario Rossi, e facciamo un esempio riferito al mercato italiano, che ci è più familiare.

Se ragioniamo su altri mercati, come ad esempio il mercato americano, le cose non cambiano, anche se ci sono delle peculiarità.

Ad esempio il fatto che l'agenzia immobiliare la paga solo il venditore. Tuttavia in linea generale i concetti restano sempre gli stessi.

Bene. Ipotizziamo allora che il nostro investitore Mario voglia comprare una casa da mettere a reddito per generare delle entrate mensili.

Ipotizziamo che Mario si avvalga della consulenza di una agenzia immobiliare per trovare l'immobile di suo interesse ed ipotizziamo che dopo una trattativa Mario ed il venditore si accordino per l'importo di 135.000 euro (somma assolutamente inventata!!).

A questo punto Mario per intestarsi l'immobile, come si dice in gergo, ovvero per diventarne pieno proprietario, oltre al prezzo di acquisto deve sostenere delle spese accessorie.

Tali spese le possiamo riassumere in: provvigione per l'agente immobiliare, spese per il notaio per l'atto di compravendita e magari per il mutuo e spese per le imposte per il trasferimento della proprietà.

Per farla semplice supponiamo che tutti questi "costi accessori" ammontino complessivamente a 15.000 euro.

Quindi Mario per diventare l'effettivo proprietario dell'immobile dovrà sborsare in tutto 135.000 + 15.000 = 150.000 euro.

Questo è il prezzo di acquisto complessivo, ovvero il primo dato che ci serve per calcolare il rendimento!

A questo punto per semplicità, supponiamo che l'appartamento appena acquistato da Mario sia in ottime condizioni, quindi pronto per essere locato senza ulteriori costi, come ad esempio la ristrutturazione.

Supponiamo anche che l'appartamento sia vuoto e che Mario decida di lasciare al futuro inquilino l'onore di arredarlo.

Ora non resta a Mario altro che trovare l'inquilino.

Ipotizziamo che dopo un'accurata ricerca Mario riesca a trovare l'inquilino e quindi riesca ad affittare il suo appartamento a 500 euro al mese.

In questa ipotesi Mario ricava dalla locazione del suo immobile 6.000 euro all'anno, che banalmente si ottengono moltiplicando l'affitto mensile di 500 euro per 12 mensilità.

Quindi il reddito prodotto dall'immobile, che ricordiamo è il secondo parametro che ci occorre per calcolare il rendimento da locazione, è pari a 6.000 euro lordi.

Ricapitolando abbiamo detto che per comprare l'appartamento Mario ha sborsato complessivamente 150.000 euro e lo ha dato in affitto per complessivi 6.000 euro annui.

Il rendimento in percentuale negli investimenti da Cash Flow.

Abbiamo detto che il rendimento da locazione si ottiene dividendo il reddito annuo prodotto dall'immobile per il prezzo di acquisto complessivo e si esprime in percentuale.

Quindi prendendo carta e penna facciamo: 6.000 / 150.000 * 100 = 4%.

Siamo arrivati a concludere che l'appartamento di Mario genera un rendimento (lordo) del 4% annuo.

Spero di aver fugato i tuoi dubbi e di averti indicato con chiarezza come si calcola il rendimento di un immobile dato in locazione.

Nel nostro esempio abbiamo preso in esame un immobile in Italia, perché abbiamo più familiarità con il processo di acquisto e di messa a reddito attraverso la locazione.

Tuttavia i concetti sopra esposti sono sempre gli stessi in ogni parte del Mondo, anche se poi cambiano alcuni passaggi per via delle consuetudini locali.

Investimenti da Cash Flow all'estero. L'esempio USA.

L'acquisto di un immobile in USA prima di tutto si può anche fare comodamente dall'Italia, senza bisogno di andare là! Si hai capito bene!! Tu puoi, comodamente dalla casa tua selezionare ed acquistare un immobile oltre oceano!!

Le principali differenze rispetto all'Italia risiedono nel fatto che la provvigione per l'agenzia immobiliare, che in genere è pari al 6%, la paga interamente il venditore.

Inoltre in America non esiste la figura del Notaio, così come la conosciamo in Italia.

Il trasferimento della proprietà si fa attraverso la Title Company, che di fatto svolge le stesse funzioni del Notaio in Italia.

Infatti la Title Company verifica, ad esempio, che non ci siano gravami sull'immobile, che siano state pagate regolarmente le tasse di proprietà ed esegue i conteggi esatti aggiornati al giorno del trasferimento, che dovranno corrispondere sia l'acquirente che il venditore.

Altro aspetto importante è che gli immobili in USA vengono locati con già la cucina e gli elettrodomestici, mentre il restante mobilio lo porta l'affittuario.

Ti stuzzica questa idea? Allora se sei interessato ad Investire negli Stati Uniti per comprare un immobile da mettere a reddito ma non sai da dove cominciare abbiamo preparato per te un Video Corso.

Ti spiegheremo passo dopo passo tutti i passaggi che vanno dalla selezione dell'immobile fino all'acquisto e alla messa a reddito. Per avere maggiori informazioni vai al sito :

https://www.femsoluzioniimmobiliari.it/courses/case-a-reddito-in-usa/product_page

Fantastico!! Ho capito perfettamente come si calcola il Cash Flow!! Ma già che ci sei mi fai capire in due parole come di calcola il Capital Gain?

Il rendimento in una operazione immobiliare da Capital Gain.

Per calcolare il Capital Gain prendiamo sempre il nostro investitore Mario Rossi e facciamo un altro esempio numerico.

Apro una parentesi.

Nel settore immobiliare gli investimenti da Cash Flow, ovvero comprare un immobile da mettere a reddito per generare un'entrata mensile e da Capital Gain, ovvero acquistare e rivendere un immobile per generare un guadagno, sono due "sport" completamente diversi.

E' come giocare a basket o a pallavolo per capirci. Si gioca sempre in 5 contro 5 e con una palla, il campo è più o meno lo stesso, ma cambiano completamente le regole e le abilità che si devono avere.

Te lo dico perché sono sicuro che alla fine mi chiederai: ma cosa è meglio fare? Ti anticipo che la risposta è dipende.

Dipende dai tuoi obiettivi di investimento, dall'orizzonte temporale, dalle tue capacità e propensione al rischio. Insomma parliamo di due attività completamente diverse.

Ma torniamo a noi.

Tanto per cominciare Mario si rivolge sempre ad una agenzia immobiliare. Ovviamente è solo un esempio perché potrebbe benissimo anche fare tutto da solo!

Questa volta chiarisce all'agente che sta cercando un immobile per fare flipping o trading immobiliare, che dir si voglia. Tutte espressioni per dire che cerca un immobile da acquistare e rivendere per ottenere un guadagno.

In genere il guadagno (plusvalenza), si ottiene attraverso un'operazione di valorizzazione immobiliare. Non sempre è così ma è il caso più frequente…

In altre parole Mario acquisterà un immobile da ristrutturare, il tipico immobile "della nonna" per intenderci e poi, attraverso ad esempio una ristrutturazione, lo renderà pronto per essere abitato e quindi appetibile per il mercato.

Poi magari sempre per incrementarne il valore percepito si avvarrà di un bravo home stager e di un bravo consulente immobiliare che, attraverso una efficace strategia di marketing immobiliare, saprà proporre l'immobile sul mercato al meglio delle proprie possibilità.

Ti sei spaventato? Non era questa la mia intenzione.

Voglio solo farti capire che, mentre l'acquisto di un immobile da concedere in locazione necessita al limite solo di un bravo consulente immobiliare, esperto nel mercato della zona che ti aiuta a selezionare l'immobile giusto e magari a trovare l'inquilino, il trading immobiliare è una vera e propria attività imprenditoriale!

Investimenti da Cash Flow e da Capital Gain: i numeri.

Comunque passiamo ai numeri.

Mario trova un trilocale da ristrutturare a 110.000 euro.

Per comprare l'immobile, oltre al prezzo di acquisto, esattamente come abbiamo visto prima, dovrà sostenere il costo della provvigione dell'agenzia immobiliare, del notaio e delle imposte sul trasferimento della proprietà.

Per farla semplice supponiamo che tutti questi costi assommino a 10.000 euro.

A questo punto Mario deve ristrutturare l'immobile. Quindi occorre trovare un architetto che faccia il progetto, un'impresa che esegua i lavori e poi magari, come dicevamo, un bravo home stager.

Infine Mario decide di affidare l'incarico di vendita ad un bravo agente immobiliare.

Supponiamo che tutti questi costi connessi alla ristrutturazione ed alla rivendita assommino a 30.000 euro.

Il costo dell'operazione.

Facendo i conti con i numeri sopra riportati il costo complessivo che Mario ha sostenuto, che si chiama in gergo **costo di carico**, è pari a 110.000 euro (costo di acquisto) + 10.000 euro (costi connessi all'acquisto) + 30.000 euro (costi connessi alla ristrutturazione ed alla rivendita), per complessivi 150.000 euro.

Ipotizziamo che il bravo agente immobiliare trovi un acquirente che acquista l'immobile a 200.000 euro (prezzo di rivendita).

Ancora una volta se facciamo due conti scopriamo che con questa operazione immobiliare Mario ha generato una plusvalenza, ovvero un guadagno lordo di 50.000 euro, dato dalla differenza tra 200.000 euro (prezzo di rivendita) e 150.000 (prezzo/costo di carico).

50.000 euro è il Capital Gain ovvero la plusvalenza che il nostro investitore Mario ha generato con questa operazione di trading immobiliare.

Un Capital Gain di 50.000 euro è tanto o è poco?

Per valutare la "bontà dell'operazione" di trading immobiliare o flipping, che dir si voglia, si utilizza un altro parametro che è il **ROI**, acronimo dell'inglese **Return On Investment**.

Il **ROI** si esprime in percentuale ed è il **rapporto tra l'utile generato dall'operazione**, pari nel nostro esempio a 50.000 euro, **ed il costo totale**, che abbiamo definito anche come costo di carico, che nel nostro esempio è pari a 150.000 euro.

Facendo i conti in questa operazione il ROI = 50.000/150.000 = 33%.

Per rispondere alla domanda sopra dovremmo conoscere anche **l'orizzonte temporale**, cioè il periodo di tempo che passa tra l'acquisto e la rivendita dell'immobile.

Convenzionalmente il ROI si calcola su base annua. Tradotto, se l'operazione dura 1 anno il ROI è uguale al 33%. Se ad esempio dura 2 anni il ROI è pari al 16,5% (33% diviso 2).

In generale possiamo dire che se viene generato un ROI di almeno il 30% annuo si tratta di un'ottima operazione immobiliare!

Possiamo fare investimenti da cash flow o da flipping anche in America?

Assolutamente sì!

Si possono fare operazioni immobiliari di flipping in ogni parte del mondo dove c'è un mercato immobiliare frizzante, per dirla con una parola con cui ci capiamo al volo.

Tuttavia spero di averti trasferito il fatto che, fare operazioni di flipping o trading immobiliare, chiamalo come vuoi, richiede numerosi passaggi.

Questi passaggi devono essere controllati in prima persona ed eseguiti da una squadra che si costruisce con il tempo ma che, in ogni caso, deve essere monitorata.

E' un lavoro imprenditoriale, difficile da delegare in toto.

Pertanto ti dico che sì, è assolutamente possibile anche in USA fare operazioni di trading immobiliare, ma noi preferiamo farle in Italia dove conosciamo bene il mercato e ne seguiamo attentamente le evoluzioni, oltre che coordiniamo direttamente tutte le varie fasi.

Spero di averti chiarito la differenza tra un investimento immobiliare finalizzato al Cash Flow, ovvero all'ottenimento di una rendita mensile, rispetto ad un investimento immobiliare finalizzato all'ottenimento di un Capital Gain, ovvero di una plusvalenza.

Come guadagnare 500€ al mese

con le locazioni

Dopo aver parlato nel capitolo precedente di investimenti da Cash Flow, vediamo **come guadagnare 500€ al mese** con le locazioni. In molti si pongono questa domanda, le risposte potrebbero essere molte.

Perché 500€ e non 1.000€? Abbiamo volutamente indicato un importo tutto sommato contenuto ma che allo stesso tempo per molti potrebbe rappresentare una calida integrazione ad esempio alla propria pensione.

In realtà si potrebbero guadagnare 500€ al mese attraverso un secondo lavoro più o meno impegnativo, oppure attraverso delle scommesse.

Ma **come guadagnare 500€** al mese in modo più tranquillo? Una possibilità potrebbe esserti offerta dal mercato immobiliare.

Come guadagnare 500€ al mese con le locazioni

Uno dei modi per poter ottenere questa cifra, è quello di comprare un immobile e concederlo in locazione in modo da generare attraverso gli affitti delle entrate mensili.

In Italia il rendimento medio da locazione di un immobile residenziale è del 3% (lordo) all'anno. Calcoliamo quanto occorre investire in questa ipotesi per avere una rendita mensile di 500€ (lordi) al mese.

Un immobile affittato a 500€ al mese produce un reddito annuo lordo di 6.000€ (500€ x 12 mensilità). Quindi se facciamo: 6.000 / 3% = 200.000 €. Questa è la somma complessiva che occorre investire per acquistare una casa che mi consente di ottenere una rendita mensile da locazione di 500€.

Ora 200.000€ sono sicuramente una somma importante e non proprio alla portata di tutti…

Ma se alzi lo sguardo oltre oceano e valuti alcune opportunità di investimento nel settore immobiliare americano, ecco che potresti scoprire che tale obiettivo è più semplice.

Comprare casa negli Stati Uniti è un'operazione molto più semplice di quello che tu possa pensare e con dei risultati che ti potrebbero sorprendere piacevolmente. Vediamo qualche dato.

Come guadagnare 500€ al mese negli Stati Uniti

Le rendite da locazione ottenibili dal mercato immobiliare americano, variano ovviamente in funzione dell'importo investito.

Per ottenere un canone di locazione di 500€/530€ netti al mese, con il cambio attuale, è necessario un importo di 65.000€ / 70.000€.

Detta così sembra troppo bello per essere vero. Vediamo allora alcuni dati.

Il grafico sotto mostra l'andamento nel tempo (dal 2011 al 2016) del tempo medio in cui un immobile rimane in vendita sul mercato immobiliare americano.

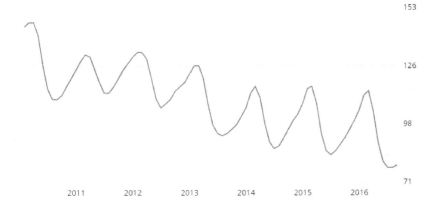

Come puoi notare, dal 2011 al 2016, il tempo medio di permanenza di un immobile sul mercato americano si è praticamente dimezzato, attestandosi sui 79 giorni alla fine del 2016.

Questo dato ci dice che l'investimento nell'immobile, è tutt'altro che immobile!

L'altro dato da tenere in considerazione, è l'andamento dell'importo medio dei canoni di locazione nello stesso periodo di tempo.

Il canone di locazione medio negli Stati Uniti è di 1400$ mensili alla fine del 2016 con un aumento del 14%-15% rispetto al 2011.

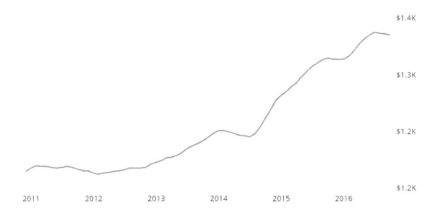

Ovviamente i dati appena mostrati si riferiscono ai valori medi rilevati in tutti gli Stati Uniti. Quindi nei dati ci sono zone molto costose come Miami o New York ed altre più economiche.

Quanto ti ho appena mostrato serve soltanto per offrirti una panoramica di massima.

Ma come di dice non sono tutte rose e fiori…

Il primo rischio che viene in mente agli investitori italiani è il cosiddetto "rischio cambio". Infatti quando compriamo un'immobile, ma più in generale un prodotto americano, lo dobbiamo pagare in dollari.

Quindi tecnicamente, anche se magari non ce ne accorgiamo perché fa tutto la Banca, occorre prima "convertire" i nostri euro in dollari e poi procedere all'acquisto.

Il rapporto di cambio tra euro e dollaro varia nel tempo ed ahimè non è sempre a noi favorevole. Nel prossimo capitolo approfondiremo dettagliatamente questo argomento e vedremo i motivi per i quali il rischio cambio non è significativo.

Anzi investire in USA comporta l'evidente vantaggio di diversificare il nostro patrimonio sia in Stato, che in valuta.

D'altra parte abbiamo già visto, numeri alla mano, che un'operazione analoga in Italia, necessita per ottenere la stessa rendita mensile, di una somma iniziale decisamente superiore (di circa 3 volte) rispetto a quella che andremmo ad investire in USA.

In funzione del budget a tua disposizione puoi ovviamente ottenere rendimenti superiori a 500€ al mese.

Alla fine dipende anche da quello che vuoi fare tu, da quali obiettivi hai, da quali sono le tue esigenze.

Rischio cambio

Quando pensi ad un investimento in una valuta diversa dalla nostra, prima o poi arrivi al fatidico quesito del **rischio cambio**. Mi conviene? Non mi conviene? Queste sono domande legittime.

Nel caso di specie però vanno fatte delle considerazioni ad ampio raggio per comprendere la validità di un investimento in una valuta diversa dalla nostra.

Vediamo quali aspetti considerare e per quale motivo alla fine è sempre conveniente affrontare un investimento in valuta estera, a patto che abbia determinate caratteristiche.

Proposte immobiliari

Tra le affascinanti proposte immobiliari estere a scopo di investimento, certamente ad un certo punto nei tuoi ragionamenti avrai pensato "Beh interessante, rimane però il problema del **rischio cambio**… E se il dollaro americano si indebolisce nei confronti dell'euro parte del guadagno potrei lasciarla in giro".

Questa riflessione è corretta, ma parzialmente vera.

Entriamo nell'ordine di idee che stiamo valutando un investimento dalle caratteristiche pluriennali e quindi non delle operazioni mordi e fuggi.

Naturalmente quando si affrontano degli investimenti in valuta estera, è ovvio che ci si espone al **rischio cambio**. La dimensione di questo rischio va però inquadrata nel giusto modo.

Per comprendere bene il contesto nel quale ci stiamo muovendo è necessario innanzitutto inquadrare la situazione da un punto di vista macroeconomico.

Il dollaro statunitense è attualmente la valuta di base per la commercializzazione di tutte le materie prime (oro, rame, argento, petrolio, gas, ecc..).

Il motivo storico per cui la quotazione di diversi strumenti e materie prime avviene in dollari è una conseguenza del fatto che gli USA hanno sostanzialmente vinto la seconda guerra mondiale.

Il principale vantaggio che ne traggono gli USA deriva dal fatto che loro non sono esposti al **rischio cambio**. Dall'altro lato abbiamo l'euro, la moneta del vecchio continente.

Attualmente l'Euro ed il dollaro USA rappresentano senza dubbio le due principali valute dell'economia mondiale.

Il rapporto di cambio tra le due monete ha dei risvolti economici per l'economia americana, così come per quella europea.

Rischio cambio, quale impatto sull'economia

Ad esempio un dollaro forte rappresenta un vantaggio per le esportazioni europee.

Infatti i cittadini americani pagheranno di meno i beni importati dal vecchio continente, quindi consumeranno maggiori beni importati.

Ovviamente a danno della loro economia interna. Se, ad esempio, diventa più conveniente comprare un'automobile europea evidentemente verranno acquistate meno automobili americane.

Un euro forte, ovvero un dollaro debole, farà accadere l'esatto contrario. In particolare gli europei consumeranno maggiori beni di importazione o comunque espressi in dollari e meno beni di produzione interna.

Le conseguenze di queste dinamiche che ho descritto in modo semplice hanno ovviamente un impatto sul valore del PIL delle diverse nazioni e quindi può provocare crescita da un lato e recessione dall'altro.

Siccome nessuno desidera la recessione, il rapporto di cambio tra le due valute è soggetto anche alle decisioni delle diverse banche centrali in particolare della FED (banca centrale americana) e della BCE (banca centrale europea).

Entrambe le banche centrali attraverso le manovre di politica monetaria (per esempio aumento o diminuzione dei tassi di interesse) provocano delle conseguenze sul rapporto di cambio tra euro e dollaro statunitense.

Quando un grafico vale più di mille parole

Osserviamo con attenzione cosa è accaduto nel tempo. Quello che ti riporto qui sotto è l'andamento settimanale del cambio Eur/Usd dal 2000 ad oggi.

Dal grafico è evidente che sono stati toccati dei picchi di minimo nel 2000/2001 in cui il dollaro ha manifestato tutta la sua forza portandosi ad un valore di 0,85 dollari per ogni euro (vantaggio per le esportazioni europee) e dei picchi di massimo in cui il rapporto di cambio Eur/Usd ha toccato 1,60 dollari per ogni euro (vantaggio per le esportazioni americane).

In entrambi i casi, per i motivi spiegati poco sopra, questi valori di cambio sono stati mantenuti per pochissimo tempo trovando subito nelle settimane successive un ridimensionamento del loro valore.

Alle attuali quotazioni siamo all'incirca equidistanti. C'è un leggero vantaggio in favore del dollaro americano.

Per raggiungere i minimi degli ultimi 20 anni il dollaro dovrebbe apprezzarsi del 32% contro l'euro. Mentre per raggiungere i massimi l'euro si dovrebbe apprezzare conto il dollaro del 45%.

L'attuale scenario economico, caratterizzato da una ripresa debole, non permette a nessuna delle due economie un rapporto di cambio a livelli estremi che, in ogni caso, come abbiamo appena visto comunque non sarebbero a lungo sostenibili, né da una parte né dall'altra.

Quali impatti ci sono sull'investimento immobiliare USA?

Fatte tutte le premesse di cui sopra, andiamo a vedere l'impatto che il **rischio di cambio** può avere su un potenziale investimento.

Per rendere il ragionamento più aderente alla realtà ho utilizzato delle semplificazioni, pur partendo da dati oggettivi. In particolare le ipotesi su cui ho sviluppato il ragionamento sono le seguenti:

- L'investimento sull'immobile ha una durata di 10 anni con un rendimento del 10%;

- Il valore dell'immobile in questi 10 anni non subisce alcuna svalutazione e nemmeno una rivalutazione, seppur poco probabile;
- Flusso costante dei redditi da locazione;
- Sviluppo di due ipotesi estreme utilizzando i due valori massimo e minimo raggiunti in questi ultimi 20 anni.

Nello storico mostrato in figura, si possono notare gli estremi raggiunti dal rapporto di cambio EUR/USD che risultano essere pari a 1,60 e 0,85.

Poniamo che l'orizzonte temporale del tuo investimento sia di 10 anni e che il rendimento sia del 10%.

Al termine dei 10 anni, supponendo per semplicità di ragionamento che l'immobile abbia lo stesso valore di acquisto di oggi, la situazione sarà la seguente:

Valore dell'immobile: 80.000$ (pari a circa 71.000€ al cambio di 1,12).

Canoni di locazione percepiti: 80.000$

Totale a scadenza: 160.000$

Se a scadenza il rapporto di cambio fosse estremamente sfavorevole e pari a 1,6 vorrebbe dire avere un controvalore dell'investimento pari a 100.000€ (160.000$/1,60), rispetto ai 71.000€ investiti al cambio di oggi.

Quindi con un incremento di oltre il 40%.

Se a scadenza il rapporto di cambio fosse estremamente favorevole e pari a 0,85 vorrebbe dire avere un controvalore dell'investimento pari a 188.000€ (160.000$/0,85), rispetto ai 71.000€ investiti al cambio di oggi.

Quindi con un incremento di oltre il 260%.

Sono due ipotesi estreme e come tali difficilmente si verificheranno.

Qualcuno diceva che tra i due estremi la verità sta nel mezzo.

Se a scadenza il rapporto di cambio fosse a 1,225 ovvero la media dei due estremi, il controvalore del nostro investimento sarà pari a 130.600€ (160.000$/1,225) rispetto ai 71.000€ investiti al cambio di oggi.

Quindi con un incremento di oltre l'83%.

Quello che ti ho voluto spiegare è che il **rischio cambio** c'è ma, pur esasperando la realtà con i dati disponibili ad oggi, si traduce in un guadagno più o meno rilevante, come ti ho illustrato negli esempi di cui sopra.

Rimane tuttavia sempre valido il principio della diversificazione fra asset finanziari, asset immobiliari, asset valutari.

Diversificazione in pratica

Tutti coloro che si avvicinano agli investimenti, prima o poi, si imbattono con la questa parola: **diversificazione**.

Noi stessi in questo testo l'abbiamo utilizzata più volte.

Per valutare se stiamo mettendo in pratica una corretta **diversificazione**, anzitutto bisogna prendere in considerazione il nostro patrimonio nel suo complesso.

Nasce quindi una domanda: che cosa è il patrimonio?

Ma soprattutto: quanto sono realmente esposto sul paese Italia?

Domande le cui risposte ci possono dare validissime indicazioni di come valutare eventuali investimenti.

Vediamo perché nella maggior parte dei casi NON investire in Italia potrebbe essere una buona idea!

Diversificazione e investimenti, come considerare l'Italia

Con il titolo, volutamente provocatorio di questa sezione, voglio fare una serie di valutazioni con te partendo dalle esperienze maturate nella mia professione di Consulente Finanziario Indipendente.

Quando incontro persone o comunque parlo con conoscenti ed amici, in linea di massima la situazione che mi viene descritta è sintetizzata in questa tabella:

Attività (Patrimonio)	Luogo	Tipologia
Lavoro	Italia	Dipendente/Lib. Professionista
Immobili	Italia	- Di Proprietà in cui vive - Su cui percepisce un affitto
Obbligazioni/Buoni Fruttiferi Postali	Italia	Obbligazioni bancarie, Buoni Fruttiferi Postali, Titoli di Stato Italiano.
Partecipazioni societarie	Italia	Quote societarie di piccole aziende.
Polizze vita	Italia	Polizze assicurative a capitale garantito, Index Linked, Unit Linked, ecc..

Quindi le domande che ti voglio sottoporre sono due:

- Cosa è il tuo patrimonio?
- Cosa vuol dire per te **diversificare**?

Immagino che osservando la tabella sopra tu sia giunto alla conclusione che il tuo patrimonio consiste in tutte le cose che ti ho elencato sopra. E quindi: la tua casa, il tuo lavoro, la tua famiglia. In sintesi la tua vita.

Per quanto riguarda la **diversificazione**, noi tutti sappiamo che diversificare significa non avere una esposizione complessiva nei confronti di un solo asset di investimento, ma anche in un solo Stato e in una sola valuta.

Se condividi con me le considerazioni precedenti ecco che se vivi in Italia, lavori in Italia ed il centro dei tuoi interessi affettivi è in Italia allora vuol dire che hai già una esposizione prevalente, per dire totale, del tuo patrimonio sull'Italia.

Diversificazione con gli investimenti immobiliari

Se hai delle risorse da investire, allora avrai valutato o magari starai valutando un investimento nel settore immobiliare. Più precisamente avrai pensato di acquisire un immobile in Italia da mettere a reddito attraverso la locazione.

Forse però alla luce delle considerazioni che abbiamo appena fatto ti ho fatto venire qualche dubbio.

Tra gli aspetti da prendere in considerazione c'è il fatto che l'Italia è un paese con un rapporto debito/PIL pari al 150%. Il debito pubblico aumenta ad una velocità di 3000€ al secondo.

Questo è un dato di cui necessariamente i governi dovranno tenerne conto.

Una prima "pettinata" sul patrimonio immobiliare è stata recentemente data, con l'aumento delle imposte sul settore immobiliare. Ma questo non esclude che prossimamente gli immobili tornino nel mirino dei governanti.

Inoltre sul valore della locazione, se tu sei una persona fisica, bisogna considerare il 21% di cedolare secca, se si sceglie questa tassazione, oltre ovviamente all'IMU.

Mediamente, su un immobile dato in locazione in Italia, ci si può aspettare un rendimento lordo del 3/4%.

A quel valore vanno ovviamente tolte le tasse e gli imprevisti oltre alla mancata tutela legislativa nei confronti del proprietario qualora l'inquilino non paghi.

Inoltre volendo puntare sulla rivalutazione immobiliare, le possibilità sono abbastanza ridotte in quanto in prospettiva ci saranno molti immobili sul mercato e questo comporterà un eccesso di offerta che perdurerà per molto tempo.

Se mi piace il settore immobiliare, dove investo allora?

Abbiamo lavorato molto per analizzare a fondo le varie possibilità di investimento in ambito immobiliare.

Alla fine siamo arrivati alla conclusione che il Paese migliore nel quale investire in immobili, soprattutto con l'obiettivo di ottenere una rendita mensile, sono gli Stati Uniti d'America.

In linea generale i vantaggio che dovremmo ricercare nell' acquistare un immobile all'estero sono i seguenti:

1. Rendimento, seppur in valuta locale, molto più alto rispetto a quanto è ottenibile in Italia.
2. Certezza e rispetto sul diritto di proprietà.

3. Possibilità di diversificare una parte del proprio patrimonio avendo una esposizione in un paese diverso dal nostro.

Gli USA li soddisfano tutti e tre!!

Proviamo con l'aiuto dei numeri e di qualche immagine a toccare con mano il fantastico mondo degli investimenti immobiliari in USA.

Se hai dato un'occhiata al cambio euro/dollaro ti sarai certamente reso conto che nelle ultime settimane si è reso protagonista di un importante apprezzamento da parte dell'euro nei confronti del dollaro.

Infatti, in questo momento (dicembre 2020) , siamo oltre 1,22, il che significa che potresti acquistare un immobile da mettere a reddito con meno di 70.000 € !!!

Diversificazione immobiliare, quali opportunità

Già vedo la tua faccia incredula, ma soprattutto la giusta domanda "eh ma che ci compro con quei soldi?"

Proviamo a fare un esempio con l'aiuto delle immagini seguenti, per mettere in atto la tua diversificazione immobiliare.

L'immobile nelle foto sopra viene proposto in vendita a 80.000$. Quindi a conti fatti con il cambio attuale costerebbe circa 66.000€. Arrotondiamo a 70.000€.

E' una casa con ingresso indipendente, su due livelli con 3 camere da letto.

E quanto ci puoi ricavare in termini di rendita da locazione?

Utilizzando un parametro molto prudenziale, ed in base alla nostra esperienza, siamo nell'ordine di circa il 10% netto annuo!

Non male vero?

La cosa più importante è quella di non investire tutte le tue risorse in un solo immobile.

95

Questo vale sia per il mercato italiano, ma ancor di più per quello estero. Ovviamente vale anche per gli Stati Uniti.

Acquistando un immobile simile a questo ti permette di avere una esposizione su un mercato estero e quindi diversificare in valuta ma anche geograficamente.

Attuare una corretta diversificazione immobiliare vuol dire anche valutare l'acquisto di più immobili in modo da creare in un certo qual modo un portafoglio di immobili.

Questo perché ti mette al riparo da eventuali problemi che si dovessero verificare su una singola unità, come ad esempio un inquilino moroso. In questo caso infatti gli immobili continueranno a garantire un flusso di cassa e quindi un reddito.

Comprare casa negli USA. Perché gli americani non lo fanno?

Comprare casa negli USA.

Valutando alcune opportunità di investimento in immobili all'estero, probabilmente ad un certo punto ti sarai domandato: come mai gli americani non comprano la casa?

Questa domanda è una delle prime che mi sono fatto e che spesso mi sottopongono i clienti.

Sembra logico, visto l'alto rendimento da locazione degli immobili in America, che per gli americani sia conveniente comprarsi una casa.

Il costo degli immobili in America è in media basso rispetto al costo dell'affitto. In altre parole il rendimento da locazione è elevato rispetto, ad esempio, al mercato italiano.

Insomma a primo impatto qualcosa non torna.

Vuoi che non sappiano farsi i conti in tasca? C'è qualche altro "problema" o "mistero" che noi non conosciamo?

Case negli USA. Facciamo il punto.

Nel 2005 ho fatto il mio primo corso di formazione con la N.A.R. (National Association of Realtors), ovvero l'associazione di categoria degli agenti immobiliari americani.

I realtors in America sono molto stimati, non come gli agenti immobiliari italiani. Durante quel corso ho chiesto a vari realtors presenti come mai gli americani prediligono andare in affitto rispetto a comprare casa.

Non contento delle risposte ricevute, anche nei miei primi viaggi in America, quando ho incontrato di persona i vari professionisti del settore immobiliare, ho rifatto loro la stessa domanda.

Sono emersi almeno 3 aspetti interessanti che ci fanno capire il perché gli americani preferiscono andare in affitto rispetto a comprare una casa.

Vediamo allora quali sono i tre principali motivi

1. Gli Americani vivono alla giornata e non pensano ad acquistare appartamenti o case

2. Non hanno la concezione della famiglia come la nostra
3. Si spostano molto per lavoro

Gli americani vivono alla giornata e non pensano ad acquistare appartamenti o case.

In America non esiste la cultura del risparmio. Almeno come la intendiamo noi italiani.

Quello che guadagnano, spendono.

A volte anche di più. Si indebitano con l'uso smodato di carte di credito per comprare cose inutili e superflue.

Spesso hanno ottimi stipendi ma non fanno i famosi conti della serva di quello che gli serve per vivere, in modo da risparmiare o investire la parte in eccesso. Quindi alla fine del mese non riescono a mettere da parte nulla.

Questo non gli consente di avere da parte nemmeno il minimo indispensabile, circa il 20% del prezzo di acquisto di un appartamento o di una casa, da fornire come anticipo.

Le Banche dopo il 2008 hanno imparato bene la lezione.

Le perdite incassate a causa dell'erogazione, anche al 100%, di mutui ipotecari sugli immobili hanno completamente stravolto il loro modo di lavorare e non finanziano più se non hanno le dovute garanzie ed almeno una giusta percentuale di anticipo.

Gli americani non hanno la concezione della famiglia come la nostra.

In genere, quando i ragazzi diventano maggiorenni, prendono la loro strada, iniziano a lavorare, vanno ad abitare per conto loro.

Si pagano quindi tutte le spese e i genitori smettono di finanziare i figli a vita.

Questo succede anche quando i figli devono comprare appartamenti o case. I genitori non prestano garanzie e spesso non hanno soldi da prestare loro.

Non hanno nemmeno la cultura della casa come la nostra.

Noi siamo attaccati alla casa dove siamo cresciuti, alla casa dei nonni. Troviamo nella casa un senso di protezione, accoglienza, appartenenza.

In America questa tradizione non c'è. Non c'è il nostro attaccamento alla casa.

Non è l'obiettivo di una vita quello di comprare appartamenti o case di proprietà, magari da lasciare in eredità ai figli o ai nipoti.

Magari hanno un macchinone che fai fatica a parcheggiare da quanto è ingombrante, ma preferiscono vivere in una casa in affitto.

La casa viene considerata semplicemente una necessità ed un bene di utilizzo quotidiano senza dargli il valore affettivo che gli diamo noi.

Gli americani si spostano molto per lavoro.

Non è una leggenda metropolitana.

Gli Americani sono capaci di cambiare lavoro anche ogni anno. Spesso lo fanno spostandosi da una grossa città ad un'altra, magari a quattro ore di aereo di distanza e a 3 ore di fuso orario.

Sarebbe una follia comprare delle case per poi doverle rivendere ogni anno. Per questo vogliono che le case siano arredate almeno di cucina e perfettamente funzionanti.

Adesso dovresti avere più chiaro in testa quali sono i motivi per cui, in genere, gli Americani tendono a non comprare la casa in cui vivere.

Ci sono ovviamente tante eccezioni e tante famiglie facoltose che non solo si comprano appartamenti e case, ma anche ville faraoniche, proprio come quelle che vediamo nei film.

Ma la famiglia comune, in cui le persone svolgono un lavoro normale predilige sempre case in affitto, per i motivi visti sopra.

Case, gli americani preferiscono l'affitto.

Il mercato degli affitti, fatta la giusta scelta di città e zona, è veramente fiorente.

Gli affitti sono alti perché la richiesta di case ed appartamenti è alta e gli stipendi sono più alti dei nostri, quindi possono permetterselo.

Pagare un affitto 1.300 $ per appartamenti o case con 2 o 3 camere da letto è, in molte zone degli USA, la normalità.

Veniamo ora al fattore prezzo degli appartamenti e delle case.

Se escludiamo le zone VIP, i centri delle città più prestigiose, gli appartamenti nei grattacieli ecc. i prezzi sono mediamente molto abbordabili.

Possiamo trovare appartamenti o case, a seconda delle zone, con 2 o 3 camere a meno di 100.000 $. Si tratta di case usate ma già pronte per essere abitate.

Questo vuol dire che le case costano mediamente molto meno rispetto all'Italia. Essenzialmente per 3 motivi:

1. Abbondanza di terreni su cui poter costruire.

   Gli Stati Uniti hanno un territorio molto vasto. Molte città non hanno vincoli geologici, paesaggistici, ne reperti storico-archeologici da salvaguardare. Quindi le città si possono sviluppare senza problemi, con grandi strade e grandi spazi verdi a disposizione.

102

2. Nessun attaccamento familiare alla casa.

   Come dicevamo sopra, gli Americani si spostano molto. La famiglia di origine si stacca dai figli quando diventano grandi e non c'è la volontà o l'obbligo morale di dover lasciare la casa o l'appartamento ai figli.
   Questo fa sì che vi siamo molti appartamenti e case in vendita e si valutano per quello che realmente sono: un bene di consumo.

3. Tipologia costruttiva più semplice della nostra.

   Le case, in genere, sono costituite da un seminterrato, che si chiama basement, in cemento. Le strutture esterne possono essere in legno o in mattoni. Invece le pareti interne sono in legno con tamponature in cartongesso.

   Ovviamente parlo delle case e appartamenti nelle zone periferiche che sono quelle di nostro interesse per gli investimenti in immobili da locazione.

   Gli impianti sono funzionali ma semplici, così come i bagni. Le finiture carine e graziose, ma non certo ricercate e rifinite come le nostre. Molte componenti delle case, come ad esempio le porte o le finestre, sono standard e si comprano nei negozi di articoli per la casa.

   Aggiungiamo che in America le leggi, come abbiamo visto in un precedente capitolo, tutelano la proprietà. Se un inquilino non paga viene letteralmente sbattuto fuori casa nel giro di poche settimane.

Se poi aggiungiamo la comodità di avere delle società di Property Management che gestiscono tutto per conto del proprietario, ecco svelato il segreto di tanto interesse da parte di investitori di tutto il mondo al mercato immobiliare americano.

Canone di locazione: e se non viene pagato?

Una delle nostre caratteristiche quando di parla di investimenti in generale e di investimenti immobiliari è quella di guardare le due facce della medaglia. Le opportunità ed i rischi.

A proposito di rischi connessi agli investimenti immobiliari da cash flow, cioè finalizzati all'ottenimento di una rendita mensile, abbiamo analizzato in un capitolo precedente il rischio cambio.

In questo capitolo analizziamo il rischio connesso al mancato pagamento del **canone di locazione** da parte dell'inquilino.

La legislazione americana in materia di sfratti per morosità è molto diversa da quella italiana.

Tutela del diritto di proprietà e tempi certi di esecuzione delle procedure di sfratto, che negli Stati Uniti si chiama **eviction**, sono due vantaggi non da poco.

Vediamo insieme cosa succede se un inquilino non paga il **canone di locazione**.

Cosa succede se l'inquilino non paga il canone di locazione?

Se l'inquilino non paga il **canone di locazione**, viene attivata la procedura di sfratto per morosità, che come abbiamo detto si chiama eviction.

Tuttavia prima ancora dell'eviction, che analizzeremo meglio più avanti, devi sapere che ogni persona negli USA è dotata di un **credit score**, ovvero di un punteggio di merito che indica l'affidabilità finanziaria della persona.

Nel momento in cui una persona non paga il **canone di locazione** e riceve un'ingiunzione di sfratto il suo credit score viene danneggiato.

Le conseguenze di un credit score compromesso sono pesanti. In primo luogo diventa molto difficile spostarsi su un'altra proprietà in affitto.

In secondo luogo è preclusa l'iscrizione ad alcune università per i propri figli.

Le conseguenze di un credit score danneggiato permangono per i 7 anni successivi al momento in cui è stata commessa la violazione.

La segnalazione rimane in essere per ulteriori 7 anni se nel periodo l'interessato commette altre infrazioni, anche banali, come una multa per divieto di sosta...

Aldilà di questo ti starai certamente chiedendo, ok ma se l'inquilino comunque non mi paga il **canone di locazione** quale è la procedura di sfratto?

Bene, vediamo insieme i diversi step.

La legge negli Stati Uniti è molto chiara e tutela il proprietario al 100%, se un inquilino non paga il **canone di locazione** avviene lo sfratto (eviction), procedura molto veloce che non richiede più di 34 giorni.

Eviction, quando avviene?

In primo caso in cui avviene l'eviction è il **mancato pagamento del canone di locazione.** Per contratto ci sono in genere dai 3 ai 5 giorni di grazia e una penale che può variare da $50 a $100 in base al contratto di locazione sottoscritto.

Se l'inquilino non paga entro il tempo stabilito, il property manager può inviare per posta una raccomandata o affiggere sulla porta dell'inquilino un avviso esortando il pagamento **del canone di locazione** entro 3 giorni (sabato, domenica e le festività escluse).

In tale comunicazione viene specificato il totale dovuto oppure di evacuare l'appartamento.

In caso di mancato riscontro il proprietario può proseguire con le pratiche per lo sfratto tramite un avvocato o recandosi direttamente in tribunale.

La procedura di sfratto interviene anche **se l'occupante dell'immobile viola il contratto o le leggi federali** come ad esempio commettere dei reati all'interno dell'immobile.

Infine **in caso di abbandono.** Se l'inquilino intende assentarsi per metà mese senza aver pagato **il canone di locazione e** senza aver avvisato per iscritto il proprietario dell'assenza.

Eviction, come avviene?

Le procedure di sfratto prevedono: un avviso di sfratto per iscritto in caso di mancato pagamento dell'affitto.

NOTICE OF EVICTION DATE

LANDLORD:
Name: Maryland ▮ LLC
Address: 906 South ▮
City: ▮ State: Maryland Zip: ▮
Phone: 240 - 206 - ▮

TENANT:
Name: Jerome ▮
Address: 1806 ▮ St
City: ▮ State: Maryland Zip: 21217
Phone: 410 - 940 - ▮

District Court Summary Ejectment Case Number: 2019 0142 ▮

TENANT:
The sheriff is scheduled to evict you on [date]: April 29, 2019
The eviction will take place on the date named above unless you either: between 9 -10 am

1. Move out of the property and return control of the property to the landlord.
or
2. Pay and Stay. The tenant has the right to pay the amount ordered by the Court in the warrant of restitution to the landlord to stop the eviction, unless the court checked the box on the Warrant of Restitution that says "Without Right of Redemption." (The landlord may limit and additional sanctions to the court-ordered amount to stop the eviction.) The tenant has the right to pay the redemption amount to the landlord or landlord's agent in cash, certified check or money order at any time before actual execution of the eviction order. On the day of eviction, the payment shall be made to the landlord or landlord's agent in the presence of the Sheriff to stop the eviction.

WARNING:
- Once the sheriff begins the eviction, any personal property that you leave in the leased premises is considered abandoned. The tenant does not have any right to re-enter the property or re-claim any property after the eviction begins.
- Any abandoned property may be disposed of by the landlord at any time after the eviction begins. The landlord is strictly prohibited from putting the abandoned property in the street, the sidewalk, alleys, or any public property.

This is the final notice of the date of the eviction that you will receive, even if the eviction date is postponed by the sheriff or the court.

AFFIDAVIT OF POSTING: I hereby certify that I posted a completed copy of the above notice on the premises described above on ▮ Signature: ▮ Date: ▮

L'inquilino ha 3 giorni di tempo per rettificare o per evacuare la proprietà.

Passati i 3 giorni il proprietario sporge una querela e cita l'inquilino in tribunale. La società di gestione inizierà tutte le procedure per il cliente dopo averlo avvertito.

Ricevuta la citazione, l'inquilino ha 5 giorni lavorativi per rispondere in sua difesa presso il tribunale e per poter esporre il caso. Ad ogni modo è obbligato a depositare, sempre presso il tribunale, il totale dell'affitto dovuto.

Qualora l'inquilino non rispondesse alla citazione, il giudice autorizzerà lo sceriffo a sfrattare l'inquilino. Se invece risponde alla citazione, verrà fissata una data per l'udienza.

All'udienza se l'inquilino perde il caso, egli dovrà pagare il doppio dell'affitto dovuto, le spese del tribunale ed eventuali onorari dell'avvocato del proprietario.

In caso di mancata comparizione dell'inquilino all'udienza, lo stesso perde automaticamente il caso.

Se il proprietario vince il caso, il giudice emette un mandato allo sceriffo il quale autorizza il proprietario ad impossessarsi dell'appartamento.

Eviction, il giorno dello sfratto.

Il giorno dello sfratto, all'ora indicata, lo sceriffo si presenta insieme al property manager davanti alla proprietà.

L'autorità quindi bussa alla porta o suona il campanello della proprietà ed attende un riscontro.

Se chi occupa l'abitazione è presente in casa ed apre la porta viene invitato ad uscire, diversamente viene effettuato un ingresso forzato nell'abitazione.

A quel punto, se la proprietà non viene liberata spontaneamente, le persone presenti nella proprietà vengono accompagnate con forza fuori dall'abitazione e devono lasciare qualsiasi effetto personale che diventa quindi parte della proprietà.

Lo sfrattato non ha alcuna possibilità di fare rientro in casa e viene invitato ad allontanarsi. Se rientra, viene arrestato immediatamente.

In presenza dello sceriffo, il property manager è obbligato a cambiare tutte le serrature di ingresso dell'abitazione.

A quel punto la proprietà torna libera.

Eviction, poco piacevole ma garante del diritto di proprietà.

Come hai ben capito, l'eviction è una pratica molto snella e veloce.

Sicuramente è poco piacevole sia da un punto di vista umano che economico.

Però è una pratica che tutela il diritto di proprietà al contrario di quanto avviene per esempio in Italia dove queste procedure richiedono molto più tempo e sono molto più complesse.

Occorre evitare di incappare in queste situazioni. In primo luogo bisogna effettuare una selezione accurata dell'inquilino.

Questo richiede la verifica di un credit score dell'inquilino che sia entro certi parametri.

Abbiamo visto sopra che l'inquilino che incappa in una eviction in sostanza si va a complicare la vita (e non poco!).

Per questo motivo non avviene spesso, ma non si può escludere che non possa avvenire ragion per cui è bene essere pronti ad ogni eventualità.

Comprare casa all'estero:

un'attività alla portata di tutti!

Sono tante le ragioni che ci possono spingere a investire nel vecchio e caro "mattone" fuori dai confini italici.

Comprare casa all'estero, oppure comprare una seconda casa per le vacanze, per affittarla o rivenderla.

Trasferirsi e cambiare vita ricominciando magari da un nuovo lavoro, oppure semplicemente decidere di godersi la pensione in un altro Paese.

Un trend in rialzo

Per molti, infatti, decidere di acquistare un immobile continua a essere una delle forme di investimento più sicure, soprattutto se si sceglie di farlo in un altro Stato.

Molte le mete dove il mercato immobiliare è in crescita e i prezzi sono contenuti e ragionevoli.

Basti pensare che il secondo semestre 2015 si è chiuso con un aumento degli acquisti di immobili all'estero da parte delle famiglie italiane addirittura lievemente superiore rispetto alle previsioni, portando a chiudere l'anno con un totale di 47.600 transazioni concluse oltre frontiera, con un investimento totale di 7,1 miliardi di euro.

Anche i primi mesi del 2016 sembrano confermare questo scenario, segnale di un trend che vede le famiglie rivolgere lo sguardo sempre più oltreconfine.

Due le ragioni principali: da un lato il nostro Paese offre minori certezze sotto il profilo legislativo e fiscale, dall'altro molte nazioni presentano un'offerta estremamente diversificata e quotazioni decisamente competitive.

Mete sicure su cui investire restano invece gli Stati Uniti d'America, dove oltre all'intramontabile New York cresce l'interesse anche per Miami, negli ultimi anni decisamente più pubblicizzata e meta di molti imprenditori…"

Estratto dall'articolo su voglio vivere così Di Enza Petruzziello.

Le mete su cui puntare.

Siamo partiti da questo articolo e da questi dati perché sono estremamente interessanti.

Considera che l'articolo non è di oggi, potremmo trovare dati più aggiornati, ma non è questo il punto.

Gli Italiani che hanno deciso di comprare casa all'estero sono sempre di più.

Così come le città migliori dove investire per avere le migliori redditività in America, sicuramente non sono Miami e New York.

In queste location i prezzi sono alle stelle ed i rendimenti poco migliori di un analogo investimento in Italia.

Ci sono molte altre città interessanti come Columbus, con la più importante Università statale degli USA, oppure Chicago una metropoli moderna ed affascinante con una forte economia.

Ci sono poi anche Tampa ed Orlando, in Florida, per gli amanti della primavera tutto l'anno, con ottime location anche se con rendimenti più bassi rispetto ad altre zone ma sempre il doppio di quelli che si avrebbero affittando casa in Italia.

Ma bisogna considerare anche tutti servizi di cui dispongono come: piscina, reception, palestra, campi sportivi ecc.

I numeri.

Ma torniamo per un attimo ai dati del 2015: 47.600 case acquistate da italiani all'estero.

Vuol dire una media di oltre 130 case acquistate ogni singolo giorno oltre frontiera.

In questa statistica ovviamente non sono compresi quegli italiani che con l'Italia hanno deciso di non avere più nulla a che fare da anni e che magari hanno deciso di comprare casa in quanto il paese che li ha ospitati è diventato il loro paese.

Quali opportunità.

Questo ci fa pensare due cose: o si tratta di una moda, oppure chi compra casa all'estero ci vede un'opportunità che non vede in Italia.

Noi crediamo fermamente nella seconda: opportunità diverse dall'Italia.

Sfatiamo un mito: sono veramente pochi quelli che desiderano comprare casa all'estero semplicemente per andarci in vacanza, a meno che non abbiano così tanti soldi da buttare.

Perché? Semplice: tu ami trascorrere le vacanze sempre nello stesso posto?

Quando arrivi stanco dal lavoro alle meritate ferie, sei entusiasta di pulire casa, rimetterla a posto, fargli tutte quelle manutenzioni che le case disabitate necessitano?

Suppongo che la risposta sia: NO.

E la pensano tutti come te.

Quindi, i casi sono due:

1. Sei straricco e quindi ti puoi permettere personale di servizio che ti accolga con tutte le dovute cure e si preoccupi per te della tua casa all'estero.
2. Oppure, è meglio che tu investa bene quei soldi e con il ricavato potrai farti delle vacanze da favola servito e riverito ed ogni anno nel posto che preferisci.

In quale delle due ipotesi rientri?

Comprare casa all'estero: perché così tanti italiani lo fanno?

Tra i nostri clienti abbiamo riscontrato 4 principali motivazioni:

1- Rendite da locazione maggiori che in Italia.

2- Maggior tutela della proprietà privata. Se l'inquilino non paga, in alcuni stati come gli USA, tempo 34 giorni da quando avrebbe dovuto pagare, viene accompagnato fuori casa dallo sceriffo.

3- Diversificazione del patrimonio. Se ho tutte le mie proprietà nello stesso Stato e, peggio, nella stessa città, ho dei rischi imprevedibili come ad es. terremoti, crisi economiche, guerre ecc. altissimi.

4- Rendite passive. A differenza dell'Italia, dove devo incassare direttamente io gli affitti, seguire le piccole riparazioni, andare alle assemblee di condominio ecc. in alcuni stati come gli USA, tutto questo è delegato al Property Manager. Tu devi solo controllare che ogni mese ti arrivi l'affitto sul tuo conto.

Dopo aver visto perché molti italiani comprano casa all'estero, nei capitoli seguenti, facciamo un giro virtuale nelle principali città degli Stati Uniti che noi abbiamo analizzato con l'ottica dell'investitore immobiliare, osservandone pregi e difetti.

Miami? Bella! Ma ci sono altri posti per investire!

Ieri sera ho ascoltato su Radio24 un dibattito sull'investimento immobiliare americano.

La risposta fornita è stata, a mio parere, approssimativa e ricca di lacune.

Per farti una sintesi, nella risposta veniva detto che oggi è possibile trovare delle opportunità immobiliari in America, ma meno di alcuni anni fa poiché i prezzi degli immobili sono saliti ed il dollaro si è apprezzato.

Sono stati espressi dubbi sulla redditività ottenibile da questo tipo di investimento e anche sulla modalità di acquisto, ovvero stando comodamente a casa.

Smontiamo la risposta pezzo per pezzo, affinché tu abbia una corretta informazione.

La Florida non è Miami.

Quando si parla di Florida, il pensiero corre subito a **Miami.**

Miami, città molto giovane, ha festeggiato appena un paio di anni fa i suoi primi 100 anni.

Bella città, con un bel mare, piena di locali dove trovare la movida.

Già, ma qui stiamo parlando di investimenti immobiliari, quindi queste informazioni sono relative.

Allora è opportuno che tu sappia che la Florida non è soltanto **Miami** ma ci sono molte altre città interessanti, soprattutto dal punto di vista degli investimenti.

Le opportunità immobiliari non sono soltanto a Miami.

Nella risposta fornita all'ascoltatore di Radio24 si faceva riferimento alla difficoltà di poter investire appena 70.000$ per l'acquisto di un immobile a **Miami**.

La risposta è corretta. Infatti gli investimenti immobiliari su **Miami** richiedono cifre ben più importanti per essere concretizzati.

Questo però non vuol dire che non sia possibile trovare investimenti interessanti in altre parti degli Stati Uniti, anche perché **Miami** non è la Florida, ma è ancora meno tutti gli USA.

E' possibile infatti trovare delle interessanti opportunità di investimento anche a Orlando, Tampa, Baltimora, Columbus, Philadelphia.

Investire senza andare a Miami

Una ulteriore informazione sbagliata che è stata fornita, è la necessità di doversi recare per forza sul posto.

Certamente nessuno te lo vieta se lo vuoi fare. Ma questo non è necessario!

Infatti tutta la procedura la puoi seguire stando comodamente a casa tua.

Il rischio cambio investendo a Miami

L'altra informazione fornita, non dico sbagliata, ma perlomeno opinabile è relativa al rischio cambio.

Nella risposta fornita all'ascoltatore di Radio24 veniva detto che negli ultimi due anni il dollaro ha vissuto una fase di vigore apprezzandosi nei confronti dell'euro.

Questo è innegabile, è sotto gli occhi di tutti, ci mancherebbe!

Quello che però devi valutare è che, se pensi di effettuare un investimento di questo tipo, il tuo orizzonte temporale non può essere inferiore ai 5/10 anni. Diversamente siamo noi i primi a dirti che non ne vale la pena.

Devi sempre comunque valutare questo investimento in funzione di almeno due principi:

1. Diversificazione valutaria all'interno del tuo patrimonio. All'interno del tuo patrimonio è opportuno contemplare l'esposizione di una quota parte dei tuoi investimenti in una valuta differente dall'euro;
2. Diversificazione geografica. Investendo in un immobile all'estero ti esponi in un paese ed in una valuta diversa da quella in cui vivi.

Certamente sei esposto all'andamento del rapporto di cambio con la valuta estera, ma se l'investimento lo mantieni per un periodo adeguato e con delle condizioni di un certo tipo, praticamente riduci drasticamente il rischio cambio.

Investire a NYC è una buona

idea?

Dai, diciamolo chiaramente… Se uno pensa agli Stati Uniti, la prima città che viene in mente è senza dubbio New York City.

La grande mela.

La città che non dorme mai.

Ma quali sono le conseguenze su NYC del COVID19? Investire a NYC può essere una buona idea?

Investire a NYC, potrebbe non essere una buona idea…

New York City è morta per sempre? Ecco le conseguenze per noi investitori.

Vi riporto sotto un interessante articolo scritto dall'amico Stefano Versace, brillante imprenditore nel settore food, sulla sua pagina Facebook.

123

Stefano vive da 7 anni a Miami ed ha contatti diretti su New York. Parla conoscendo i fatti.

Parto con il fare i complimenti per la sua interessante ed acuta analisi di quello che sta succedendo a New York, post Covid-19 e di quelle che saranno le tristi conseguenze.

Condivido l'analisi che ha fatto.

Questo porterà e sta già portando molte famiglie americane a spostarsi da New York, per vivere in città più economiche oppure più calde.

Detto in altri termini, la medaglia ha sempre due facce.

Tradotto: se investire a NYC oggi presenta numerose criticità, dall'altro lato ne beneficeranno soprattutto la Florida e la California, ma anche città ben servite e collegate a New York, come Philadelphia e Baltimora.

Questo perché le tasse, l'acquisto o l'affitto della casa, sono decisamente più bassi in queste due città.

Qualora ci fosse bisogno di fare un incontro fisico, magari una volta a settimana o una volta al mese (non di solo digitale vive l'uomo), ecco che in meno di un'ora di treno si può essere in centro a New York partendo da Philadelphia ed in meno di tre ore partendo da Baltimora.

Baltimora, inoltre, ha il vantaggio di essere a meno di un'ora da Washington, la capitale politica degli Usa, dove sono concentrati tutti gli uffici governativi e quelli ad essi collegati.

Come stanno cambiando le cose

Fatte queste premesse, capiamo come la grossa crisi che sta colpendo New York City cambierà molto probabilmente il suo modo di essere per sempre.

Come potrai leggere nell'articolo di Stefano Versace, che riporto sotto integralmente, le criticità di NYC potrebbero rilevarsi un vantaggio per l'economia di altre realtà più piccole.

Il denaro non svanisce, semplicemente si sposta. E' sempre stato così e sarà sempre così.

Quando le cose vanno male, non vanno MAI male per tutti.

Se c'è chi piange, c'è anche chi vende i fazzoletti per asciugare le lacrime.

Ci sarà sempre una parte di popolazione che beneficierà anche delle condizioni peggiori o più avverse che siano mai esistiti come questa del Covid-19, di guerre o crisi finanziarie.

Per questo è importante avere il controllo diretto dei propri investimenti, mantenere sempre un profilo di rischio adeguato e diversificare in più immobili e più paesi.

E' proprio questo che spieghiamo nel nuovo percorso che ti accompagna passo passo ad avere la tua prima casa a reddito in USA.

Ma per ora, ti lasciamo alla lettura integrale dell'articolo di Stefano Versace.

Perché New York City è morta per sempre.

Avete la più pallida idea di come appare NYC oggi? Una cosa, per chi ha avuto la possibilità di andarci, davvero impressionante.

Spettrale.

Guarda con i tuoi occhi:

Tutti conosciamo NYC la città che non dorme mai.

La città che pullula di gente che si muove in metro efficientissime tra luoghi diventati icone della città: da Broadway a Manhattan, da Central Park a Little Italy, da Wall Street alla Freedom Tower.

La capitale economica degli Stati Uniti, quella città piena zeppa di uffici, di torri con dentro decine di migliaia di impiegati che pranzano nella miriade di ristoranti della città, eh già, perché NYC è anche la capitale del food.

Dal sofisticato allo street food, dalla carne al pesce, dall'americano all'indiano passando per l'immancabile cucina italiana, francese, latina, giamaicana, africana e chi più ne ha più ne metta.

La NYC delle celebrità, degli spettacoli teatrali, dei parchi e del turismo.

Quella NYC non ci sarà più.

Investire a NYC, perchè "this time is different".

Voi direte: "ma NYC tornerà quella che era", lo ha sempre fatto.

No non tornerà, non questa volta.

"NYC ha sempre superato le difficoltà anche peggiori, come la crisi del '29, l'attacco alle torri gemelle, la crisi del 2007".

No stavolta è peggio, più profondo, più radicato, permanente.

Vivendo in America da 7 anni ormai, ho continui contatti con americani che vivono a NYC e tra loro è sempre più frequente la frase "I've been in NYC forever but I guess this time I have to say goodbye".

E mi son chiesto perché stavolta sia diverso.

Analizziamo insieme perché si dovrebbe vivere a NYC. Fondamentalmente per tre ragioni: per le innumerevoli opportunità di business, per la cultura (il mix di culture di tutto il mondo) e per il food (capitale americana del food).

Il business.

Cominciamo con il Business.

Midtown e Manhattan sono deserte.

Anche se la gente può tornare al lavoro, torri di uffici come la Time Life Skyscraper sono al 90% vuote.

Le aziende hanno capito che non hanno bisogno di avere gente in ufficio che perde ore per arrivare in ufficio e poi per tornare a casa, ha rilevato che i propri impiegato sono persino più produttivi lavorando da casa.

The Time Life building riceveva in media 8000 impiegati al giorno, mente ora ve ne sono solo 500 e nessuna delle imprese che occupa la torre ha chiuso.

Semplicemente si lavora da casa.

Midtown la chiamano oggi Ghost Town. Impensabile solo 6 mesi fa.

Molti professionisti (avvocati, ingegneri, esperti di finanza, broker, direttori di banche, eccetera) lavoravano in ufficio dalle 6 di mattina fino alle 10 di sera.

Ora si sono trasferiti a Phoenix, Nashville, Miami, Los Angeles, Austin, San Diego, Atlanta.

Lavorano da casa e hanno realizzato il sogno di vivere nella capitale della musica (Nashville) o al sole perenne in Florida, o in città più a misura d'uomo come Salt Lake City o verso la nuova Silicon Valley (Austin).

La gente viaggerà meno per lavoro: per quale ragione devo prendere un volo di due ore per andare da Miami a NY per un meeting di 30 minuti quando posso farlo per ZOOM comodamente da casa senza perdermi la possibilità di giocare coi miei figli?

Questa fuga da NYC è stata accentuata anche dalle proteste violente dei mesi scorsi.

Non c'è niente di male nel protestare, ma chi ha dei figli ha come priorità la loro sicurezza e si è spostata temporaneamente, scoprendo però che si può vivere fuori NYC con un costo della vita minore e con una qualità della stessa molto più alto.

E questa ondata non ha marcia indietro.

I prezzi di NYC stanno crollando giornalmente e oggi siamo a un -30/-50% mentre quello delle città così dette secondarie stanno aumentando.

In Florida (nonostante l'incombenza di una ondata di foreclosure) i prezzi continuano a reggere e anzi a crescere proprio per la continua domanda da parte di americani di New York.

In sintesi: il business si sviluppa da casa ed è una spirale che accelera.

Più gli uffici sono vuoti, più si lavora da casa più si continueranno a svuotare gli uffici, più morirà NYC.

Si diceva che a New York bastava passeggiare per incontrare una opportunità di business. Oggi le strade sono deserte.

La cultura.

Passiamo alla CULTURA.

Sono mesi che Broadway è ormai ferma.

E lo sarà per lo meno fino alla primavera del 2021.

Un anno di stop è troppo per restare a NYC.

Le imprese satellite al mondo dello spettacolo hanno chiuso o si sono spostate in altre città.

Gli artisti stanno abbandonando NYC e soprattutto manca il pubblico.

Chiusi sono anche Lincoln Center e tutti i Musei. Quindi niente turisti, niente residenti, niente pubblico.

L'indotto dello spettacolo rappresenta la terza maggior entrata della città dopo financial business e food.

Un duro colpo per la città. E un blocco di oltre un anno non è sopportabile per nessuno, quindi tutto questo mondo si è spostato altrove e ha iniziato nuove attività e non tornerà più a NYC.

Il food.

E infine parliamo del food.

Vi ricordate i Food Truck fuori dal Lincoln Center? Spariti! Senza impiegati e senza turisti non hai a chi vendere.

Catene di ristoranti intere sono sparite. Chiusi i locali simbolo della movida newyorkina, chiusi i piccoli ristoranti così come i rooftop.

E quelli che fanno delivery? Chiusi. A chi delivery se non hai chi compra? Dovunque ti giri a NYC vedi cartelli vendesi e affittasi. E più ne vedi più aumentano più scendono i prezzi.

Yelp ha registrato un 60% di ristoranti chiusi definitivamente. 60%! E siamo solo all'inizio.

E se pensate che non essendoci concorrenza adesso è il momento di aprire un ristorante, evidentemente non conoscete come funziona il mondo del food.

Funziona, soprattutto a NYC, per cluster, cioè per gruppi.

La gente dice "andiamo a cena" ed esce per raggiungere un'area che abbia la maggior quantità di ristoranti dove poter scegliere.

E succede anche in altri settori.

Vi è mai capitato di vedere una via con tutti meccanici, o una con negozi di arredo, eccetera? Ecco succede per il food ancora di più.

Senza altri ristoranti, il tuo diventa una cattedrale nel deserto.

Ma vie come Little Italy o RestaurantRow p Little India non sono ormai rarità che funzionano in un contesto che si sgretola.

E anche in questo caso, che succede con i dipendenti di questi ristoranti e con l'indotto (fornitori, lavanderie, ecc.)?

Sono tutti andati via.

Perché un altro fattore che accelera lo svuotamento di NYC è l'incertezza.

Non posso stare ad aspettare di vedere cosa succede.

Ho una famiglia da mantenere e quindi vado avanti e mi sposto dove ho più chance.

E in quell'aspirale che accelera sempre più in fretta, la città si svuota ancora più velocemente.

E una città vuota fa scendere i prezzi di case e locali commerciali.

Se i proprietari di edifici perdono i loro migliori inquilini (gli store front al piano terra, gli uffici nei piani centrali e i ricchi nei piani alti) andranno inevitabilmente in bancarotta.

E quando ciò accadrà scenderanno i prezzi e questo fa attendere ancora di più i pochi interessati a comprare.

In America si dice "Better safethansorry!"

E se i prezzi scendono la gente comincia a dire "ho fatto bene ad aspettare, e se aspettassi ancora un po'?"

E i prezzi continuando a scendere invogliano meno a comprare. Si chiama spirale deflazionaria dove nessuno guadagna.

Questo porta meno gente nella città e meno soldi in circolazione quindi meno possibilità di business che a sua volta farà allontanare le persone e così via.

E quando i prezzi saranno bassi allora la gente tornerà a comprare? Forse. O forse no.

Perché investire in una città ormai morta e senza ragione di credere in una ripresa potrebbe non avere senso. Un po' quello che successe a Detroit.

A questo aggiungiamo che le università chiuse che passano a lezioni on line, attirano meno studenti e questo contrae ancora la domanda facendo crollare sempre più i prezzi.

"Ok, ok, ok, ma New York è sempre New York e si è sempre ripresa. Lo farà anche stavolta"

Le deboli basi di una ripresa.

Si è vero, si è sempre ripresa. Lo ha fatto nel '29, dopo l'11 settembre e persino nella crisi del 2007/2008.

Ma era diverso.

Non ha mai avuto 12 mesi di lockdown.

E soprattutto non ha mai avuto esodo di abitanti e attività.

E se a questo aggiungi che alcuni aspetti (come lo smart working) che non sono passeggeri ma cambiamenti definitivi, lo scenario si fa ancora più difficile.

E per assurdo questa tempesta perfetta si detona grazie a una grande novità: una migliore bandwith.

Già, una connessione super veloce consente ciò che non era possibile prima.

Una video conference era impossibile, oggi lo è.

Questo accelera sempre più il lavoro da casa, più comodo per il lavoratore e meno caro per l'azienda. E questo non fa altro che facilitare lo svuotamento di città-ufficio come NYC.

Siamo passati dal fisical meeting a remote learning, remote meetings, remote offices, remote performance, remote everything.

I miei figli seguono lezioni da casa, io parlo in video conference con partner in Italia o a NYC, mia moglie fa corsi online, i miei collaboratori gestiscono il lavoro da casa.

Abbiamo investito gli ultimi 6 mesi a riorganizzare la nostra vita in una più comoda e non torneremo indietro. Un po' come provare la business class. Solo che in questo caso la BC è addirittura meno cara della economy.

Quali prospettive?

E allora cosa succederà? Che cambierà il business. Si sposterà.

I ristoranti si sposteranno verso le seconde e terze città che cresceranno.

Miglioreranno i servizi delle altre città e ci si avvierà alla decentralizzazione. Più città e meno affollate.

Per non parlare della presa di coscienza sulle tasse. Molti newyorkini diranno: "Aspetta un secondo: io pago il 16% di tasse in più per vivere a NYC con tutti i problemi che ha quando in altre città o altri stati la tassazione locale è zero?" E questo secondo voi cosa genererà se non ancora più svuotamento della grande mela?

Per non parlare dei problemi che avrà la città di NYC. Oggi New York ha 9 miliardi di debiti, uno in più di quello che aveva previsto il sindaco.

Il modo più rapido per recuperare questa somma sono le tasse ma con 900.000 posti di lavoro persi e 75% delle attività chiuse, avete idea di come sarà NYC a livello di servizi?

Sicurezza, pulizia, servizi di ogni tipo dovranno essere ridimensionati se non tagliati completamente.

Un altro modo per recuperare soldi sono i tolls (pedaggi) di ponti e strade. Ma meno gente significa meno pedaggi quindi meno soldi.

In fin dei conti per quale ragione bisognerebbe voler andare a vivere a NYC?

Prima potevi uscire la sera, incontrare gente, avere opportunità di business, mangiare al tuo ristorante preferito, vedere la tua opera teatrale, incontrare un VIP.

Ora non più.

Ecco perché New York City è ormai morta.

Special thanks to Stefano Versace per averci trasmesso il suo pensiero, che condividiamo in pieno e per questo condiviso.

Le alternative.

A questo punto forse ti ha assalito un velo di tristezza e lo comprendiamo benissimo.

Ovviamente nessuno ha la palla di vetro per sapere se lo scenario sopra si realizzerà o meno.

E' senza dubbio una possibilità. Uno scenario.

Uno scenario però, come dicevamo ad inizio articolo, che apre a prospettive interessanti.

Eh già perchè se è vero che le persone come i soldi si spostano, magari vale la pena valutare location che finora sono state un pò "trascurate".

Location più a misura d'uomo e di famiglia dove magari è possibile massimizzare il business, il rapporto con il cibo ed i rapporti umani per una migliore qualità di vita.

Investire a Philadelphia

Investire a Philadelphia. Chi non ha visto il film di Rocky Balboa? Un ever green nonostante siano passati oltre 40 anni dalla creazione del personaggio cinematografico. Il film racconta del classico sogno americano, del ragazzo che dal nulla riesce a diventare quasi campione del mondo. La realtà dei fatti non è che sia poi tanto lontana.

Si ok, starai pensando alla solita americanata che tanto in Italia non si potrà mai avverare.

Sylvester Stallone era uno sconosciuto quando ha interpretato il personaggio a cui ha dato vita.

Stava attraversando un momento non particolarmente roseo della sua vita e quando ha creato il personaggio ha dovuto faticare molto per trovare chi gli finanziasse il film. Tanto è vero che, se ti ricordi un po' il film, da un punto di vista scenografico è abbastanza risicato e non ci sono effetti speciali strabilianti come in altri film americani.

Però c'è la storia. Tutto sommato bella, avvincente, in cui ognuno di noi si è potuto rivedere nelle sfide della propria vita. E che dire della colonna sonora che sicuramente è finita almeno una volta nel tuo walkman, nel tuo ipod o nello stereo della tua macchina? Non te la ricordi?

Il sogno italiano.

Ok, a questo punto forse, ti starai chiedendo se hai sbagliato sito... "Ma che c'entra il film di Rocky con investire negli stati uniti?".

Beh, la risposta è molto semplice. La corsa dell'allenamento di Rocky finisce sulla scalinata del Philadelphia Museum of art a **Philadelphia**, città che ti vogliamo far conoscere per farti comprendere che il sogno americano può essere anche il tuo!

Prima di investire a Philadelphia, alcuni cenni storici

Philadelphia è una delle città più importanti e grandi degli Stati Uniti e sicuramente è anche tra le più antiche.

A Philadelphia fu redatta nel 1776 la dichiarazione di indipendenza e nel 1787 la costituzione statunitense.

La città di Philadelphia conta 1,5 milioni di abitanti che arrivano a 6 milioni considerando tutta l'area metropolitana dei paesi vicino.

Da un punto di vista economico, la media dei redditi per nucleo familiare a Philadelphia è sui 40.000$ annui. L'economia della città è principalmente legata al settore industriale (prodotti alimentari, acciaierie, raffinerie). Trovano sede in questa città alcune multinazionali molto famose come ad esempio la GlaxoSmithKline attiva nel settore farmaceutico. A Philadelphia è inoltre presente anche uno degli uffici più importanti della Federal Reserve (banca centrale americana). Per la presenza di uffici federali molto importanti, Philadelphia ospita anche un rilevante numero di studi legali.

Sono stati stanziati importanti finanziamenti da parte del governo federale per la costruzione di una linea ferroviaria veloce che consentirà di collegare Philadelphia e New York in meno di un'ora. L'imponente investimento in infrastrutture avrà un impatto rilevante per lo sviluppo economico dei principali centri interessati ovvero Philadelphia, Washington e New York.

Recentemente un'indagine ha indicato Philadelphia tra le migliori città per i giovani.Infatti il tasso di disoccupazione è sotto la media –ovvero inferiore di 20 punti percentuali rispetto alla media nazionale– e la possibilità di acquistare case a prezzi sostenibili è ampia. La ricerca condotta su un campione di persone giovani ha rilevato che questi individui si spostano verso le città che offrono buone possibilità lavorative, affitti sostenibili e prezzi delle case competitivi.

Fatto quindi qualche breve cenno sulla città, vediamo quali opportunità possono esserci.

Investire a Philadelphia

Per la rilevante importanza storica della città, Philadelphia è in questi ultimi anni oggetto di un'importante riqualificazione territoriale con significative opere di ristrutturazione anche a livello immobiliare. Una delle conseguenze di questa opera sono dei vantaggi fiscali che vengono riconosciuti alle aziende che decidono di trasferire la propria sede in questa città.

Se ti stai domandando "Chi gestisce il mio immobile? Come faccio a fare tutto?" allora ti invito a leggere tutti gli altri articoli presenti nel sito, ma in particolare a scaricare la guida gratuita che abbiamo preparato per te nel sito www.investireneglistatiuniti.com

Torniamo a noi, valutiamo qualche dato.

Trend dei canoni di locazione e prezzi di vendita.

Tante volte i grafici valgono più di mille parole, allora te ne mostriamo qualcuno.

Abbiamo preso come riferimento una singola abitazione con 3 camere ed un bagno.

In questo primo grafico vediamo il trend dei prezzi delle abitazioni degli ultimi anni.

Ti vogliamo far notare che nel grafico sono inseriti anche gli anni della bolla immobiliare USA.

Median Sales Price

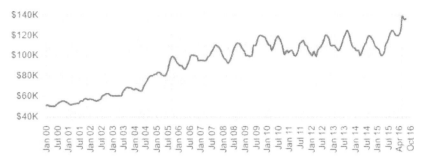

Aldilà del prezzo di acquisto, è però importante valutare anche l'andamento delle richieste di locazione e soprattutto l'importo dei canoni.

Andamento delle richieste di locazione:

Number of Rentals

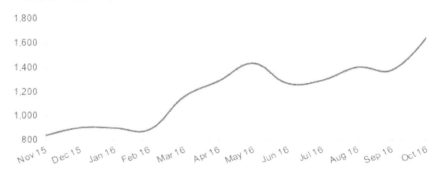

Importo medio dei canoni di locazione:

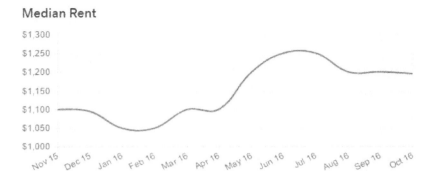

Median Rent

I numeri per investire a Philadelphia.

Per investire a Philadelphia attraverso un immobile occorrono circa 90.000$/100.000$.

Il rendimento che questo tipo di investimento offre varia a seconda dei casi tra l'8% ed il 10%. Naturalmente parliamo di un investimento in dollari, pertanto c'è da considerare il fattore del rischio cambio, anche se potrebbe avere un impatto molto meno negativo di quello che tu ti possa aspettare.

Investire a Baltimora (Maryland):

7 motivi per farlo.

Investire a Baltimora, con i suoi 620.000 abitanti – 2.700.000 nel primo hinterland, acquistando un immobile da mettere a reddito, potrebbe essere il miglior investimento immobiliare che tu abbia mai fatto.

Scopriamo insieme 7 buoni motivi per investire a Baltimora:

1. Posizione.

Tanto per iniziare, Baltimora è situata sulla costa atlantica, a soli 65 km a nord della capitale americana Washington, raggiungibile in soli 45 minuti di macchina.

Investire a Baltimora significa investire in un ottimo dormitorio di pendolari che lavorano in diversi uffici nelle vicine città.

"Una volta che le persone di Washington D.C. arrivano a Baltimora, si innamorano della differenza di stile di vita" scrive Goldon su Live Baltimore.

I prezzi delle case sono molto competitivi ed in generale il costo della vita è molto più basso a Baltimora rispetto a Washington.

Per questo, ogni giorno, migliaia di persone decidono di vivere a Baltimora e lavorare in città come Washington, rendendo il mercato delle locazioni estremamente interessante e redditizio.

2. Posti di lavoro.

I prezzi competitivi delle case sia per l'acquisto che per le locazioni, spiegano il forte incremento della percentuale di lavoratori che scelgono di vivere a Baltimora.

Baltimora è interessante anche perché, grazie ai molteplici progetti, sta fornendo un numero crescente di posti di lavoro come evidenziato nel grafico sottostante:

Fonte U.S. BEA

3. Piano di sviluppo.

Un'altra buona ragione per investire a Baltimora nel settore residenziale è la volontà del sindaco di inserire 10.000 nuove famiglie entro il 2020.

Il sindaco di Baltimora Stephanie Rawlings-Blake sostiene il programma di aumento della popolazione di Baltimora con l'aggiunta di 10.000 nuove famiglie entro il 2020.

Per agevolare questa iniziativa, Baltimora ha ridotto le imposte sulle proprietà ed ha incoraggiato la riqualificazione delle case più datate attraverso il suo programma "Vacants to Value".

4. Turismo.

Investire a Baltimora vuol dire investire anche in una città turistica.

L'attrazione principale, è l'Acquario di Baltimora, un acquario pubblico, senza scopo di lucro, ubicato nella zona del porto interno del centro di Baltimora.

L'acquario ha una presenza annuale di 1,5 milioni di visitatori ed è la più grande attrazione turistica dello Stato del Maryland.

L'acquario contiene più di 2.200.000 galloni americani (8.300.000 litri) di acqua e ha più di 17.000 esemplari, che rappresentano più di 750 specie.

La missione dell'acquario nazionale è quella di contribuire alla conservazione dei tesori acquatici del mondo.

All'interno dell'acquario sono ospitate numerose mostre tra cui la foresta pluviale tropicale "Upland", una barriera corallina "Atlantic Coral Reef" a più piani, una vasca di squali in mare aperto "WildExtremes", che ha vinto il premio "Best Exhibit" dell'Associazione di Zoos and Aquariums nel 2008 .

C'è inoltre anche un Teatro ad Immersione 4D ed è stato anche aperto un padiglione marino mammifero nel 1990 che attualmente detiene sette delfini atlantici.

5. I servizi.

Non mancano i servizi. Baltimora ha ottenuto dallo stato del Maryland un finanziamento di 1,1 milioni di dollari per la costruzione di piste ciclabili "Charm City Bikeshare".

Sono state infatti costruite oltre 220 Km di piste ciclabili, di cui è prevista una ulteriore espansione.

The proposed Downtown Bicycle Network to be constructed in 2014-2015 including the Mount Royal Avenue cycletrack and the Guilford Avenue bicycle lane.

Traffic Circle planned along the proposed Mount Royal Cycle Track

6. I mezzi di trasporto.

Investire a Baltimora significa inoltre puntare sullo sviluppo della città.

E' in fase di costruzione ed ampliamento la linea ferroviaria orientale est-ovest che parte dalla Contea occidentale di Baltimora per arrivare fino al centro medico di Hopkins Bayview Medical nella parte opposta di Baltimora con un percorso di 14,1 miglia.

I progettisti stimano, a regime, 57.000 corse quotidiane con una frequenza di 7-10 minuti.

Questo progetto di 2,2 miliardi di dollari dovrebbe attirare nuovi residenti a Baltimora che ora vivono e lavorano nella contea. Gli investimenti privati in questa infrastruttura di Baltimora stanno creando nuovi posti di lavoro e maggiori servizi per i cittadini.

7.La medicina.

Il Johns Hopkins Hospital da solo, con i suoi 15.000 dipendenti, è un ottimo motivo per investire a Baltimora.

Questo ospedale è al primo posto da 18 anni consecutivi nella classifica dei migliori ospedali d'America secondo U.S. News and World Report.

La facoltà di medicina (The Johns Hopkins University School of Medicine) è ampiamente riconosciuta come la miglior facoltà di medicina e il miglior istituto di ricerca biomedica al mondo.

Infatti, secondo le annuali classifiche di U.S. News and World Report, Johns Hopkins e Harvard occupano regolarmente le prime 2 posizioni tra le migliori facoltà di medicina americane ruotando periodicamente per la prima posizione.

La facoltà di sanità pubblica (Johns Hopkins Bloomberg School of Public Health) è la più grande e prestigiosa del mondo e occupa sempre la prima posizione nelle classifiche di U.S. News and World Report.

Investire a Baltimora, uno sguardo verso il futuro.

In conclusione, investire a Baltimora vuol dire investire in una città con delle ottime prospettive di sviluppo.

A Baltimora ci sono tante iniziative che, non solo aiutano i residenti della città, ma che aumentano la qualità della vita di tutta l'area metropolitana circostante la città di Baltimora stessa e lo stato del Maryland.

Il Maryland è uno stato compatto. E' il quinto Stato per densità di popolazione degli Stati Uniti con un continuo tasso di crescita.

La crescita degli investimenti all'interno della città più popolata del Maryland si traducono in un maggiore sviluppo e riqualificazione di un'area dove sono presenti importanti infrastrutture ed opere pubbliche.

Ricapitolando, i fattori che rendono interessante investire in questo luogo:

- Baltimora viene scelta come città in cui vivere da molti lavoratori della capitale americana Washington;
- grande iniezione di finanziamenti pubblici per la scuola;
- grandi miglioramenti nei trasporti;
- riqualificazione della città per l'aumento della popolazione;
- forti iniziative per aumentare il turismo.

Concludendo, la città ha un grande potenziale di sviluppo grazie a queste caratteristiche.

Queste ultime rendono Baltimora estremamente interessante dal punto di vista dell'investimento immobiliare.

Investire a Columbus: alla scoperta dell'America!!

Investire a Columbus è un' interessante opportunità per investire in immobili!

Fino a qualche anno fa, ad essere sinceri, non avevo idea che Columbus fosse la capitale dell'Ohio.

Non sapevo nemmeno che avesse un centro con 870.000 abitanti ed un hinterland con oltre 2 milioni di abitanti.

Non potevo nemmeno sapere che investire a Columbus potesse essere molto interessante per approfittare di investimenti immobiliari da mettere a reddito.

Investire a Columbus: conosciamo questa città!

In Usa ci sono molte città. Tante sono quelle conosciute a noi Italiani.

Columbus non è certamente tra le più conosciute, nonostante il suo nome derivi dal nostro Cristoforo Colombo.

Non è conosciuta per i film come Los Angeles, non è conosciuta per il turismo come Miami, né per la finanza come New York.

Columbus ci ha affascinato dall'inizio in quanto è una città moderna, tranquilla e sicura.

Immagina la città come un cerchio diviso da nord a sud e da est a ovest. Le vie che attraversano la città da una parte all'altra sono la High Street e la Broad Street.

Poi c'è una strada ad alto scorrimento che le gira tutta intorno come fosse il Grande Raccordo Anulare di Roma, ma assolutamente scorrevole e funzionale.

Perché investire a Columbus?

Columbus è una città vivace, estesa e con tutti i servizi a portata di mano con una viabilità ottima.

Ospita una delle più importanti e famose università di tutti gli Stati Uniti d'America, con un numero impressionante di studenti, che alimentano un giro d'affari importante.

E' ricca di locali, teatri e intrattenimenti di ogni genere.

La popolazione che ci vive è giovane e trova lavoro dopo essersi laureata nelle più importanti società americane, molte delle quali hanno la propria sede a Columbus.

Le case hanno un tasso di occupazione del 97%.

Questo rende il mercato degli affitti veramente interessante.

Un esempio? A Columbus con meno di 120.000 $ è possibile acquistare una casa bifamiliare, composta quindi da due unità abitative.

Ognuna di queste unità è composta da: sala, cucina, due camere e due bagni, *basement* (tavernetta), giardino e garage, completamente ristrutturati.

Quindi comprendi bene che il mercato immobiliare di Columbus è assolutamente attraente.

Ma quanto rende investire a Columbus?

Nell'ipotesi di cui sopra, i rendimenti netti, tolte le diverse spese tra cui il *property manager*, assicurazione, p*roperty tax*, ammontano al 10/12 % netto su base annua.

Se pensi a quanto rendono gli immobili affittati in Italia, viene da ridere.

Investire ad Orlando

In questo capitolo parliamo di Orlando, ovvero la città di Topolino, dove ha sede Disney World.

A Orlando tutto è a forma di Topolino: i piatti, le posate, i letti, i lampioni, le macchine…

Ovviamente sto scherzando, anche se non troppo…

Perché i lampioni a Orlando hanno davvero la forma di Mickey Mouse.

RENDITE DA LOCAZIONE

ALLA SCOPERTA di

ORLANDO

Perché scegliere Orlando.

Valutando le diverse opportunità per investire negli Stati Uniti attraverso il mercato immobiliare, una delle città più interessanti è certamente Orlando.

Orlando si trova in Florida. Ogni anno accoglie oltre 50 milioni di visitatori. Prova solo a pensare a che indotto turistico e di strutture ricettive può generare un tale flusso di persone.

Grazie al clima favorevole, alla posizione geografica, alla presenza di numerose strutture ricettive, Orlando sta diventando uno dei centri congressuali più grande di tutti gli Stati Uniti ed in particolare del centro America.

Non sono inoltre da dimenticare i numerosi campi da golf per appassionati di ogni livello che ogni anno portano gli amanti di questo sport a visitare questa città.

I numeri e le prospettive di Orlando.

Tutti i fattori sopraelencati, rendono Orlando una città particolarmente viva e quindi molto interessante dal punto di vista dell'investimento immobiliare.

Per comprendere meglio l'evoluzione futura, chiediamo un ausilio ai grafici.

Il grafico sotto mette in relazione l'entità degli investimenti immobiliari con la crescita di lavoro prevista per il 2017.

Come puoi notare Orlando risulta tra le città con il valore dell'investimento immobiliare tra i più bassi ma con una previsione di crescita del lavoro tra le più alte.

Il secondo grafico che ti vogliamo mostrare indica l'aspettativa sull'aumento degli affitti e sulla possibilità che l'immobile rimanga non occupato, che come vedi risulta essere molto bassa.

Un altro aspetto importante riguarda l'andamento del tasso di occupazione di Orlando rispetto a quello degli USA.

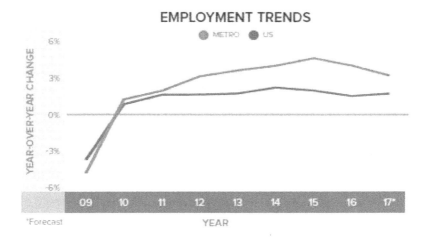

EMPLOYMENT TRENDS

METRO ● US

YEAR-OVER-YEAR CHANGE

6%

3%

0%

-3%

-6%

09 10 11 12 13 14 15 16 17*

*Forecast

YEAR

Come puoi notare dal grafico sopra, il livello di occupazione di Orlando risulta superiore a quello registrato in tutti gli Stati Uniti.

Orlando detiene il secondo livello di crescita dell'occupazione nello stato della Florida.

Per il 2017 è previsto un tasso di crescita dell'occupazione del 3,2% pari a 39000 nuovi posti di lavoro.

La crescita occupazionale deriverà dai settori del turismo e della tecnologia.

La sola società di consulenza Deloitte implementerà la sua forza lavoro di 800 unità con un stipendio medio di 70.000$ e prevede di investire nei prossimi mesi 246 milioni di dollari per lo sviluppo di nuove di tecnologie.

L'aeroporto internazionale di Orlando inoltre è oggetto di un importante progetto di espansione nei prossimi 3 anni

163

per un valore di 1,8 miliardi di $ che porterà nuova forza lavoro a questa città.

L'espansione economica in atto ha creato nuove domande per le abitazioni ed ha di conseguenza fatto aumentare i prezzi delle proprietà.

In virtù di questo anche i canoni di locazione sono cresciuti andando a compensare l'aumento dei prezzi in ottica di investimento per trovare reddito da immobili.

Nel grafico seguente, specifico per la città di Orlando, vediamo proprio che il trend del prezzo delle locazioni è in aumento a fronte di una disponibilità di abitazioni scesa in modo rilevante.

Investire a Tampa, i motivi per scegliere questa città!

Investire a Tampa, risulta particolarmente interessante per diverse ragioni. Scopriamole insieme.

Partiamo dalla localizzazione geografica. Tampa è una città della Florida situata nella costa occidentale. Sembrerebbe che il suo nome derivi da "bastoni di fuoco" per via del linguaggio usato dagli indiani residenti prima della colonizzazione.

Il clima di Tampa è quello delle zone tropicali e quindi umido e caratterizzato da temperature che vanno dai 18 ai 35 gradi.

L'economia della città, come in gran parte della Florida, si basa sui servizi e sul turismo.

Queste peculiarità rendono molto attraente questa cittadina che, da un lato attira flussi di turisti, e dall'altro persone che desiderano vivere in un posto tranquillo.

Tampa è la sede di una delle principali università della Florida e quindi sede di sviluppo di numerose ricerche.

La città di Tampa vanta un porto che per grandezza è il settimo degli Stati Uniti e il primo della Florida per tonnellaggio: infatti circa la metà del traffico marittimo della Florida è gestito da esso.

Tutto questo comporta che investire a Tampa risulta un'ottima scelta nella selezione degli investimenti immobiliari negli Stati Uniti.

Investire a Tampa, visuale di una delle spiagge.

Ovviamente essere tra le mete più ricercate da un punto di vista turistico, ha un suo impatto anche da un punto di vista immobiliare in quanto l'indotto turistico richiama naturalmente molti lavoratori, che per questo motivo si spostano qui.

Un altro fondamentale aspetto di Tampa, è che c'è un tasso di immobili liberi estremamente basso, pari al 4%. Questo determina che investire a Tampa comporta un periodo in cui l'immobile può rimanere libero, ovvero non affittato, estremamente contenuto.

Qualche considerazione sul mercato

In base ad una recente ricerca svolta da uno dei portali immobiliari americani più importanti, Tampa risulta tra le prime 4 città in cui il mercato risulta più favorevole per l'acquisto del primo immobile.

Zillow
The Most and Least Favorable Markets for First-Time Homebuyers (Spring 2017)

10 Markets Most-Favorable to First-Time Buyers	10 Markets Least-Favorable to First-Time Buyers
Memphis, Tennessee	San Francisco, California
Oklahoma City, Oklahoma	San Jose, California
Orlando, Florida	Los Angeles, California
Tampa, Florida	San Diego, California
Jacksonville, Florida	Portland, Oregon
Rochester, New York	Salt Lake City, Utah
Indianapolis, Indiana	Washington, D.C.
Las Vegas, Nevada	Boston, Massachusetts
Birmingham, Alabama	Denver, Colorado
San Antonio, Texas	Milwaukee, Wisconsin

Fonte zillow.com

Procedendo sulla ricerca relativa ad investire a Tampa, da un report economico prodotto dalla SEC, l'equivalente della CONSOB italiana emergono i seguenti dati:

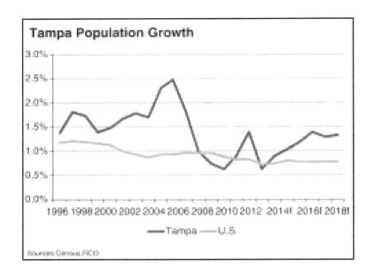

Tasso di crescita della popolazione. Fonte sec.gov

La popolazione nella cittadina di Tampa cresce ad un tasso doppio rispetto alla media nazionale. Questo è indice del fatto che è un posto particolarmente richiesto.

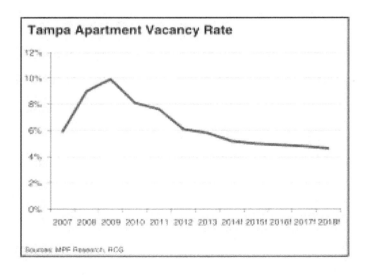

Vancancy rate - Tasso delle proprietà non affittate

168

Come ho descritto in precedenza il *vacancy rate*, ovvero il tasso delle proprietà immobiliari non occupate è molto basso, attestandosi intorno ad un 4% su base annua ed in ulteriore lieve diminuzione.

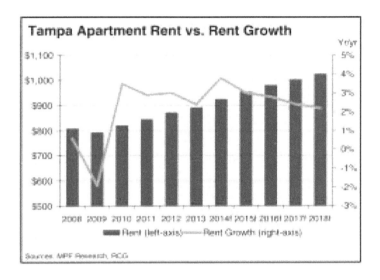

Tasso di crescita delle locazioni. Fonte sec.gov

Dal 2008 l'importo medio delle locazioni è interessato da un costante aumento nel tempo (rettangoli blu) a fronte di un andamento stabile delle richieste di locazione (linea verde).

Quanto costa un immobile?

Anche a Tampa i prezzi delle case sono estremamente variabili. Tuttavia per gli investimenti immobiliari finalizzati al cash flow, dei quali parliamo in questo volume, a Tampa possiamo acquistare degli appartamenti con cifre comprese tra 70.000 $ e 100.000 $.

Questo range di prezzo, lo ripeto ancora una volta, è dettato da vari motivi.

In primo luogo, così come avviene anche in Italia, l'aumento del prezzo di acquisto di un immobile non comporta un aumento altrettanto proporzionale del canone di locazione mensile.

In secondo luogo si tratta di un importo accessibile che permette di meglio diversificare l'investimento immobiliare in USA attraverso l'acquisto di più immobili, magari ubicati in città diverse.

Ma quanto rende investire in un immobile a Tampa? La rendita da locazione che è possibile ottenere investendo in questa città si aggira attorno al 7% netto annuo, a cui bisogna aggiungere una buona rivalutazione attesa, sintetizzata da questo grafico:

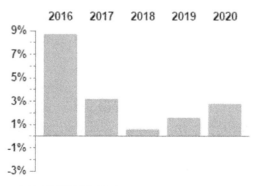

8.7% increase in housing prices in 2015-2016

This is the **five year** trend forecast...

y-axis = year over year percentage change

Come sono le case?

Le case che selezioniamo a Tampa per i nostri investimenti immobiliari negli Stati Uniti sono tipicamente degli appartamenti in condominio. Sono ubicati fuori dal centro città ed in genere hanno due o tre piani. All'interno dei condomini si trovano numerosi servizi (piscina, palestra, aree barbeque). Diamo voce alle immagini allora!

Casa in USA, Tampa Esterno

171

Casa in USA, Tampa interno

Casa in USA, Tampa interno

Casa in USA, Tampa cucina

Casa in USA, Tampa camera

173

Casa in USA, Tampa palestra

Casa in USA, Tampa piscina

Investimenti in dollari USA: quali possibilità offre il mercato?

Abbiamo visto l'importanza che riveste il dollaro americano per l'economia mondiale. In questo capitolo cerchiamo di capire in pratica perché è opportuno investire in questa valuta e quali opportunità offre il mercato.

Investimenti in dollari USA per diversificare.

Investire in dollari USA vuol dire diversificare il proprio patrimonio in termini valutari e quindi prendere esposizione su una valuta diversa dall'euro.

Come in ogni investimento, non è mai saggio concentrare i propri risparmi in un unico asset (azioni, obbligazioni, oro o immobili), ma occorre creare un piano finanziario complessivo che soddisfi il criterio della diversificazione.

In particolare, si può pensare di investire in dollari americani una parte del proprio patrimonio pari al 20-30%.

Certamente esiste il rischio cambio. Così come se investi in azioni corri il rischio che si deprezzino. Così come se investi in obbligazioni corri il rischio che l'emittente possa fallire.

Tuttavia il rischio cambio può avere un impatto molto meno negativo rispetto a quello che tu possa pensare.

Investimenti in dollari USA
quali possibilità offre il mercato?

Quali alternative?

Per fare degli investimenti in dollari USA hai diverse possibilità. Ogni possibilità ha dei pro e dei contro. Vediamo quali sono le alternative.

In primo luogo potresti convertire della moneta fisica vendendo degli euro e comprando dei dollari. Una volta che hai il denaro nelle tue mani, il primo problema che si pone è la conservazione.

Lo tieni in casa? Lo metti in una cassetta di sicurezza? E se lo perdi?
C'è poi un ulteriore problema. Se rimane nelle tue mani, quel denaro non ha alcun rendimento e quindi è soggetto a perdere nel tempo il proprio valore a causa dell'inflazione.

In alternativa potresti convertire un certo ammontare in un controvalore in dollari USA presso la tua banca. In questo caso ovviamente non hai il problema della conservazione.
Ma qualche problema rimane. In particolare il tuo investimento rimane "virtuale", cioè tu vedi un certo ammontare sul tuo conto in dollari USA. Un semplice numero che comunque rimane sempre sotto la custodia della tua banca.
Questa somma, se la banca dovesse fallire, contribuisce ovviamente al raggiungimento della soglia dei famosi 100 mila garantiti.

Attraverso l'acquisto di alcune obbligazioni.

Certamente il momento non è esaltante poiché le quotazioni sono sui massimi e stiamo andando incontro ad un potenziale aumento dei tassi che impatterà negativamente sul valore di questi investimenti.

Vero è però che se decidi di portarli fino a scadenza il minor valore avrà un impatto relativo.

Nel momento in cui scrivo, giusto per avere il polso della situazione, un investimento a 10 anni in titoli di stato USA ha un rendimento se portato a scadenza del 2,35%.

E' possibile spuntare qualcosa in più se si valutano delle obbligazioni corporate, cioè emesse da aziende. Rimanendo in un'area tranquilla diciamo che è possibile arrivare a prendere un 4%. Ovviamente stiamo sempre parlando di un investimento in dollari USA.

Attraverso degli ETF o Fondi.

In questo caso particolare, andresti a mitigare e quasi annullare il rischio emittente in quanto questo tipo di strumenti investe in una pluralità di titoli.

Non è possibile stabilire però il rendimento in quanto alcuni strumenti sono a distribuzione, ovvero ogni mese pagano una cedola. Altri invece sono ad accumulazione ovvero ogni mese reinvestono quello che prendono.

Si potrebbero anche fare degli investimenti in dollari USA attraverso l'acquisto di materie prime come oro, petrolio, rame, ecc...

Sono degli investimenti che possono essere certamente considerati nella gestione di un patrimonio. Tuttavia le materie prime per loro natura, non distribuendo alcun flusso, sono soggette ad una maggiore volatilità.

Potresti valutare investimenti in dollari USA attraverso l'investimento immobiliare, che poi è quello di cui parliamo in questo libro.

L'immobiliare.

Abbiamo già parlato di quanto il mercato immobiliare USA sia diverso rispetto a quello italiano.

Il mercato immobiliare USA è un mercato che sia per quello che riguarda la compravendita ma anche gli affitti gira ad una velocità mostruosa.

Questo vuol dire che un bene immobile è molto più liquido rispetto al mercato italiano. Il proprietario, nei rapporti di locazione, è decisamente più tutelato rispetto a quanto avviene in Italia.

Investimenti in dollari USA, come si fa a comprare un immobile?

Ci sono però tanti aspetti da valutare a cominciare dalla scelta della città.

Poi occorre selezionare l'ubicazione dell'immobile. Occorre analizzare la richiesta di case in vendita e la richiesta di case in affitto, l'età media della popolazione, i servizi e le offerte di lavoro.

Fatte queste verifiche si passa all'analisi tecnica della casa che avviene tramite una *inspection*, ovvero una relazione redatta da un tecnico abilitato ed iscritto in un apposito albo, che ci dice per filo e per segno, con tanto di foto, di prove fisiche, di rilievi con macchine fotografiche termosensibili, quali siano le caratteristiche interne ed esterne della casa, eventuali difetti ed eventuali lavori da fare.

Per darti una idea, l'ultima inspection che abbiamo fatto fare era di 66 pagine.

Mai vista una roba del genere in Italia, nemmeno quando si tratta di valutare un albergo da milioni di euro.

Se la inspection ha avuto un esito positivo, si passa all'analisi dei costi di ristrutturazione e si valutano i numeri ottenibili dalla locazione.

Se tutto viene confermato allora passiamo alla fase finale dell'acquisto. Viene dato l'incarico ad una *Title Company* (equivalente del nostro notaio) di verificare attentamente che tutto sia in regola e che non ci siano gravami o pendenze di alcun tipo come ipoteche, mancanza di permessi o tasse non pagate.

Solo alla fine di tutte queste verifiche passiamo alla conclusione dell'acquisto, per poi far fare tutti i necessari lavori di ristrutturazione.

Finiti tutti i lavori si passa alla fase di ricerca dell'inquilino che può durare mediamente un paio di settimane.

La durata della ricerca può dipendere anche dalla qualità delle richieste ricevute.

Vengono accettate solo richieste da parte di inquilini con un *credit score* positivo per evitare eventuali brutte sorprese.

Pensione integrativa: quale

alternativa?

A chi non è capitato di porsi qualche domanda tipo: quando andrò in pensione? Sarà sufficiente quello che prenderò per mantenere il mio tenore di vita? Come posso mettere in pratica una strategia che mi consenta di coniugare diverse esigenze: risparmio, investimento, tutela del mio patrimonio?

Beh naturalmente non sono semplici domande. Quello che trovi navigando su internet sono le classiche polizze assicurative con qualche vantaggio fiscale ma che poi sono ricche, anzi ricchissime di costi.

In quanto ai risultati ovviamente variano in funzione del rischio ovvero della linea di gestione scelta.

Mediamente, rispetto a quanto pubblicato dalla COVIP (organo di vigilanza sui fondi pensione), i risultati non sono confortanti. Si aggirano attorno ad un 2%/3% su base annua.

I problemi che quindi sorgono sono di varia natura. In cosa investono questi fondi? Diversifico bene il mio patrimonio utilizzando questi strumenti? Esistono delle alternative per costruire una **pensione integrativa?**

Pensione integrativa, un'alternativa.

Una alternativa alla pensione integrativa, potrebbe essere quella di valutare un investimento in immobili negli Stati Uniti.

Perché negli Stati Uniti?

Per numerosi motivi tra cui: tutela della proprietà, diversificazione geografica e finanziaria, rendimenti netti decisamente superiori a operazioni analoghe svolte in Italia.

Ora come potrebbe accadere per un portafoglio finanziario, anche in campo immobiliare è possibile costruire un "portafoglio" di immobili con diverse caratteristiche. Ovviamente le caratteristiche sono dettate da: orizzonte temporale dell'investimento, rendimenti offerti e quindi anche la rischiosità determinata dalla location dell'immobile.

Pensione integrativa: esempio con durata a 10 anni.

Ora per entrare nel vivo, supponiamo che ti manchino 10 anni alla pensione.

A solo titolo di esempio, un portafoglio immobiliare rispondente a queste esigenze, potrebbe essere così composto:

	CITY	RENT	APPRECIATION	PURCHASE PRICE	CAP RATE
	Chicago	$1,200	1.62%	$63,000	7.9%
	Columbia	$1,100	2.43%	$80,000	8.3%
	Indianapolis	$1,000	3.45%	$79,900	7.2%
	Raleigh	$1,200	3.24%	$121,000	6.7%
	Raleigh	$700	3.48%	$64,500	6.5%
	Raleigh	$1,050	2.68%	$72,500	7.6%
	Total	$6,250	2.8%	$480,900	7.4%

L'inserimento di alcune zone è stato fatto in funzione dell'obiettivo temporale relativamente breve ovvero in base ai parametri storici disponibili di rivalutazione e rendimento.

Nell'esempio riportato in figura, un investimento di 480.000 $ può essere suddiviso in 6 distinti immobili, generando un flusso mensile stimato di 75000$ lordi su base annua. Togliendo spese, tasse ed imprevisti è facilmente raggiungibile un rendimento netto del 7%/8% su base annua.

Ovviamente, trattandosi di portafoglio di immobili, è possibile inserire più immobili o meno immobili pur non cambiando la sostanza.

Conti alla mano, i flussi di cassa generati possono essere ovviamente reinvestiti o semplicemente accantonati per il futuro.

Pensione integrativa: esempio con durata oltre 20 anni.

Ipotizzando un orizzonte temporale più lungo come obiettivo, ovvero oltre 20 anni, una possibile strategia potrebbe essere la seguente:

	CITY	RENT	APPRECIATION	PURCHASE PRICE	CAP RATE
	Birmingham	$1,300	2.32%	$106,480	7.0%
	Chicago	$1,300	1.62%	$72,689	9.5%
	Tampa	$975	2.2%	$82,000	7.0%
	Total	$3,575	2.1%	$261,169	7.8%

In questo caso i risultati, in termini di ritorni percentuali, sono leggermente superiori.

Ovviamente essendo l'orizzonte temporale più ampio, nel tempo, è possibile aumentare il numero degli immobili oppure dedicarsi ad altri investimenti.

La differenza tra le due strategie sopra riportate, parte dall'idea che:

1. Nel primo caso, mancando un periodo inferiore alla pensione, si è ipotizzato che il potenziale investitore abbia accantonato un patrimonio di una certa grandezza.
2. Nel secondo caso, trovandoci di fronte ad un orizzonte temporale superiore, si è ipotizzato che il potenziale investitore abbia accantonato un patrimonio di entità inferiore.

In entrambi i casi ovviamente non sono escluse strategie costruibili sulla propria situazione personale ovvero con patrimoni più o meno rilevanti.

Le differenze tra una strategia in fondi pensione e immobiliare.

A questo punto ci è sembrato doveroso mettere in luce le differenze tra le due strategie.

Quella in fondi pensione e quella in investimenti immobiliari per una pensione integrativa.

Per semplicità di ragionamento, abbiamo sviluppato un semplice calcolo senza considerare aumenti dei canoni di locazione, rendimenti su base composta, agevolazioni fiscali, ecc…

Per quanto riguarda il fondo pensione abbiamo considerato un generoso 3% su base annua (di questi tempi è davvero generoso) mentre per quanto riguarda il ritorno netto sugli immobili abbiamo considerato il 7% su base annua.

Questo è il risultato:

	Liquidabile prima della scadenza	Ritorni attesi di € 100.000 a 10 anni	Ritorni attesi di € 100.000 a 20 anni
Pensione integrativa immobiliare	SI	70%	140%
Pensione integrativa in fondi	NO	30%	60%

Sempre per semplicità, non abbiamo considerato l'aspetto legato al cambio poiché, nel caso degli immobili si tratterebbe pur sempre di un investimento in una valuta diversa dall'euro.

Questo aspetto però, se l'orizzonte temporale è discretamente lungo, non rappresenta un problema come si può meglio comprendere da questo articolo.

Non esistono soluzioni uniche per rispondere ad una esigenza.

Esistono modi differenti però per affrontare le cose ed effettuare delle scelte ottimali.

Tutto deve essere comunque contestualizzato in base alla propria situazione patrimoniale.

Investire in Sardegna o in Florida?

Investire in Sardegna, conviene?

Sono stato recentemente in vacanza in Sardegna, nella meravigliosa costa Smeralda.

Sono stato ospite in un complesso composto da diverse unità abitative, posto in una posizione strategica.

Infatti era situato a pochi chilometri sia dai porti di imbarco di Olbia e Golfo Aranci, sia dalle splendide spiagge poste nelle vicinanze di Porto Rotondo. Insomma davvero un angolo di paradiso.

Investire in Sardegna è possibile?

Un giorno, mentre uscivo dalla piscina, ho notato un cartello che pubblicizzava la vendita di soluzioni abitative all'interno del complesso in cui ero ospite.

Money never sleeps, il denaro non dorme mai, si diceva in un famoso film. Quindi mi sono diretto presso l'ufficio di amministrazione e vendita.

Sono stato accolto con stupore dalla signora, che forse non vedeva una persona interessata ad un acquisto, ovvero interessata ad investire in Sardegna, da diversi anni e questo già mi aveva dato qualche indicazione sulla situazione.

Iniziamo a parlare e gli chiedo le diverse soluzioni a disposizione, la signora quindi mi spiega che è possibile acquistare gli appartamenti sia come unico proprietario sia in multiproprietà.

La multiproprietà.

Investire in Sardegna è possibile con la formula della multiproprietà che era una formula molto in voga negli anni passati.

La proprietà dell'immobile è definita per settimane all'interno dell'anno e quindi lo stesso immobile ha di conseguenza più proprietari.

Supponendo che io sia proprietario di un certo immobile per le 4 settimane di giugno posso decidere se utilizzare quel periodo per me, se locare quel periodo, oppure se scambiare il soggiorno relativo al periodo di mia proprietà con un'altra soluzione offerta dalla rete dei multiproprietari nel mondo.

Scarto subito l'ipotesi multiproprietà perché a pelle non mi ha mai convinto. Una casa o è tua oppure non lo è.

La piena proprietà.

Dal mio punto di vista di Consulente Finanziario non mi è sembrato una buona soluzione quella di investire in Sardegna attraverso la multiproprietà, per diverse ragioni.

Mi concentro quindi sull'ipotesi proprietà intera. La signora mi fa presente che in quel momento ci sono soluzioni che si possono acquistare con 70.000 €.

"Beh" ho pensato "Mica male, tutto sommato. La cifra non è elevata e siamo in un posto meraviglioso. Un paio di settimane le tieni per te le altre invece le dai da gestire per la locazione".

Arrivo quindi al punto in cui chiedo alla signora "Scusi signora, quale è il rendimento atteso che posso ottenere dalla locazione dell'immobile diventando proprietario?".

La risposta pietrificante della signora è stata "Guardi al netto delle nostre competenze, direi che siamo sui 2.000/2.500 euro all'anno se riusciamo ad affittarlo tutti i periodi, a cui deve ovviamente sottrarre tutte le imposte previste".

Rimango di stucco.

Investire in Sardegna o godersi la Sardegna con la Florida?

Dunque in sintesi: dovrei investire in Sardegna circa 70.000 € per avere un ritorno del 3,5% lordo annuo...

Subito mi viene in mente di fare il paragone con le soluzioni di investimento immobiliare presenti all'estero, come ad esempio quelle negli USA.

Faccio riferimento alle possibilità presenti su Orlando, Tampa o anche Philadelphia dove un investimento, in quest'ultimo caso, di circa 70.000 € può avere un ritorno del 7/10% netto all'anno, ovvero il triplo di quello che avrei ottenuto investendo in Sardegna.

Certamente il flusso finanziario è espresso in valuta estera pertanto è presente il rischio cambio, ma è anche vero che stiamo parlando di un rendimento atteso pari a 3 volte quello che otterrei investendo in Sardegna...

Stati Uniti d'America: quali ragioni per NON investire?

Stati Uniti d'America, quali ragioni per non investire?

Primo motivo.

Sicuramente i rendimenti offerti dal mercato immobiliare americano sono interessanti.

In diverse circostanze rasentano la doppia cifra.

Un primo motivo per non fare questo investimento è se la cifra richiesta rappresenta tutto il tuo budget a disposizione.

Se sei in questa situazione, è un investimento che non ti consigliamo di fare.

Ti diremmo la stessa cosa se tu stessi valutando di acquistare un immobile in Italia o in un'altra parte del mondo.

Non è mai saggio investire tutti i propri averi in un unico asset e questo per almeno un paio di ragioni:

- Diversificazione. Un patrimonio ben gestito deve includere diversi strumenti al fine di ottimizzare i rischi.
- Liquidità. Per quanto sia liquido il mercato immobiliare americano, comunque in caso di necessità immediata delle somme investite potrebbe essere necessario un po' di tempo prima di rientrarne in possesso.

Secondo motivo.

La procedura di acquisto è molto snella e veloce.

Se comunque non ti fidi o devi essere assalito dall'ansia e dalla preoccupazione nonostante tutte le rassicurazioni e le evidenze che possiamo fornirti, allora lascia perdere. Non è un investimento che fa per te.

Non c'è cosa peggiore che affrontare un investimento e poi pentirsi di ciò che si è fatto e tornare indietro. Oltre che contribuire alla tua infelicità ti andresti a procurare degli impegni a cui dover far fronte.

Terzo motivo.

Ora, se sei arrivato fino qui e non siamo stati in grado di dissuaderti dal valutare questa opportunità, ti raccontiamo il terzo motivo per non farlo.

Un investimento di questo tipo non può essere affrontato se l'orizzonte temporale dei tuoi investimenti è di breve termine.

Cosa vuol dire di breve termine? Beh, se pensi di comprare un immobile per poi rivenderlo dopo sei mesi, allora lascia perdere. Non è un investimento che fa per te.

Proprio per sua natura, essendoci diversi aspetti da considerare, questo tipo di investimento deve avere una durata pluriennale. Questo non perché se uno volesse liquidarlo non possa essere possibile, ma semplicemente perché per poterne apprezzare i vantaggi occorre comunque tenerlo qualche anno.

Quarto motivo.

Il quarto motivo è che si tratta di un investimento in valuta estera e quindi è soggetto all'oscillazione del cambio.

E questo quarto motivo si collega a tutti i precedenti. In particolare acquistare un immobile negli Stati Uniti d'America vuol dire effettuare un investimento in dollari americani e quindi vuol dire cambiare i tuoi euro in dollari.

Quindi a seconda delle oscillazioni del cambio, l'investimento ed i flussi delle locazioni, possono avere un valore più o meno elevato. E' anche vero però che se non hai investimenti denominati in dollari tra i tuoi investimenti che siano immobili o che siano altri strumenti forse occorrerebbe farci un pensierino.

Anche perché in ottica di diversificazione, come abbiamo detto prima, il futuro nessuno lo conosce e la zona euro non sembra proprio scoppiare di salute...

Però se le tue coronarie non reggono l'oscillazione del cambio, allora lascia perdere. Non è un investimento che fa per te.

Quinto motivo.

Il quinto motivo è che si tratta di un immobile.

Un immobile che verrà gestito in tutto e per tutto da una terza parte, il property manager, della quale non hai un controllo direto. Il property manager, dietro la sottoscrizione di un rapporto contrattuale, è il professionista che sul posto si occuperà di trovare l'inquilino, locare il tuo immobile e pagarti l'affitto.

Un secondo aspetto è dato dal fatto che se a te piace occuparti del tuo immobile, come faresti in Italia (acquisto,

contratto di locazione, assemblee di condominio, ecc..),
allora lascia perdere. Non è un investimento che fa per te.

Rendita garantita: è possibile ottenerla con la locazione di un immobile?

La rendita garantita è ricercata da molte persone.

A mio parere in questo mondo non esiste nulla di garantito. In tema di garanzie sui canoni di locazione, chi dà garanzie anche solo per un anno, due o tre o addirittura di più, lo fa solo a livello contrattuale.

Non vorrei mai trovarmi però nella situazione di dover attingere a queste garanzie.

Rendita, come ottenerla

Per ottenere una rendita puoi affidarti a strumenti finanziari come piani di accumulo pensionistici, oppure investire in attività, comprare titoli, oppure investire in immobili. Non esistono altre strade.

Il vantaggio dei piani di accumulo pensionistici, detti anche **PAC**, è che puoi investire partendo da zero.

Mettere da parte anche 100 euro al mese (o meno!), e, tra 30 anni, se va bene, recuperi il tuo capitale investito più qualche interesse.

Il problema è che tra 30 anni, causa inflazione, con quel misero capitale che sarai riuscito a mettere da parte, se va bene ci comprerai una piccola utilitaria, non ti risolve il problema della pensione.

Puoi però investire in attività, questo rende molto di più se acquisti un'ottima attività che produce ottimi risultati.

Il problema è che magari costa migliaia di euro, quindi non è alla portata di tutti.

Si puoi crearla tu, partendo da zero, basta avere fiuto per gli affari, ottime conoscenze e dedicarsi per diversi anni a tempo pieno a far crescere la propria start-up, per poi metterla finalmente a reddito, automatizzandola e standotene beato ai Caraibi a percepirne i frutti.

Questo è un vero e proprio lavoro più che un piano per avere la pensione o delle entrate continuative indipendenti da te.

Puoi però anche comprare titoli azionari, ETF, o Futures, sperando nell'aumento del loro valore e pregando che la società o stato su cui hai investito non faccia la fine della Parmalat o dell'Argentina.

Oltre a questo vale il discorso fatto per i piani di accumulo, non ti proteggono dall'inflazione.

Bene, a questo punto avrai capito che rimangono gli investimenti in immobili per avere una rendita stabile.

Si, sono un ottimo strumento per avere una rendita garantita continuativa e per mantenere il capitale nel tempo se si investe in un'ottica di lungo periodo. Ma va bene comprare qualsiasi cosa ed in qualsiasi posto?

Ovviamente no.

Serve capire da dove parti e dove vuoi arrivare.

Rendita stabile, su cosa investire

Abbiamo detto che le rendite garantite non esistono. Tuttavia gli immobili, se opportunamente selezionati e messi a reddito, possono generare delle entrate che definirei stabili. Per avere una rendita stabile, innanzitutto devi avere un capitale di almeno 50.000 euro.

Non è detto che sia tutto tuo, potreste essere in 10 con 5.000 euro a testa per partire.

Oppure utilizzare l'effetto leva dei finanziamenti (mutuo o leasing). Ma è diverso che se hai un capitale di partenza di 500.000 euro.

Ovvio che non puoi pretendere gli stessi risultati, soprattutto non puoi fare le stesse operazioni.

In Italia, nonostante sia un ottimo momento per comprare immobili, vista la recente discesa dei prezzi, se voglio poi puntare ad una rendita stabile devo tener conto di 4 aspetti:

1. aspetti economici,

2. aspetti gestionali,

3. aspetti fiscali,

4. aspetti giuridici

Aspetti economici.

Per capire la convenienza economica nel comprare un immobile da affittare per avere una rendita devo saper fare dei conti.

Immaginiamo di investire 120.000 euro in un bilocale nuovo al mare e lo affitto per l'estate, ricavando 6.000 euro a stagione. avrò un rendimento lordo del 5% (6.000/120.000=5%).

Ipotizziamo che se riuscissimo a riempire anche i mesi invernali con studenti o lavoratori, posso ottenere altri 4.000

euro, un ulteriore 3% di rendimento, per un totale del 7% lordo, ovvero un 4% netto circa, a seconda della mia tassazione personale.

Ipotizziamo di concedere in locazione il nostro immobile sopra con contratti 3+2 o 4+4 a 600 € al mese. Il reddito annuo sarà pari a 600 € al mese x 12 mesi = 7.200 € che corrispondono ad un 6% lordo annuo (7.200/120.000=6%), ovvero circa a un 3,5 % netto.

L'esempio fatto è di un bilocale a Rimini in zona mare, in buone condizioni.

Se invece investo in locali commerciali, come negozi, oggi posso ottenere dei risultati ancora migliori.

Posso comprare un negozio in centro per 130.000 euro ed affittarlo per 12.000 euro all'anno, con un rendimento lordo del 9%.

Sia che investi come persona fisica, sia che operi come società di capitali, semplificando molto, per calcolare il rendimento netto posso togliere un 50% e sbaglio veramente di poco.

Aspetti gestionali.

Se investo su appartamenti al mare, da affittare in estate, la gestione è piuttosto complessa.

A meno che non faccio fare tutto a residence che gestiscono l'immobile al posto mio, ma che trattengono la maggior parte dei guadagni.

Devo essere sul posto, gestire le cauzioni, le pulizie, i contratti, la comunicazione di pubblica sicurezza, pagamento bollette, condominio ecc.

Meno complesso se affitto con contratti 3+2 o 4+4, devo solo sperare che mi paghino l'affitto regolarmente, altrimenti inizia un calvario.

Stessa cosa se metto a reddito un locale commerciale, un negozio, un ufficio o un albergo.

Aspetti fiscali.

La cosa migliore, da un punto di vista fiscale, è quella di affittare appartamenti residenziali con contratti abitativi 3+2 che prevedono una tassazione con cedolare secca del 10%.

Meno di così non si può.

Altrimenti posso avere la tassazione al 21% di cedolare secca se faccio contratti di locazione abitativa 4+4.

Le altre rendite da locazione vanno dichiarate in dichiarazione dei redditi e possono arrivare al 42% più le tasse sugli immobili.

Se gli immobili sono intestati ad una società, questa pagherà le tasse

Aspetti giuridici.

Il problema vero che abbiamo in Italia è quello della giustizia, troppo lenta e poco tutelante per i proprietari di immobili.

Questo comporta che se ho la sfortuna di inciampare in un inquilino poco puntuale, può rimanere dentro casa per molto tempo.

In alcuni casi anche oltre un anno, senza pagare l'affitto, oltre alle spese legali che devo sostenere.

Forse va un po' meglio se ho un immobile commerciale.

Da un lato è più facile che non paghino perché se l'attività non sta andando bene e dovessero chiudere, perlomeno liberano i locali.

Bene, messa in questo modo, vale a dire messa come stanno veramente le cose, comprare per affittare in Italia, non sembra essere molto appetibile.

Anche in zone turistiche e di mare come Rimini, non è proprio la soluzione ideale per puntare ad una rendita garantita per una pensione tranquilla.

Rendita. Quali alternative.

Si, ancora oggi, gli Stati Uniti, sono una valida e ottima alternativa per avere una rendita da immobili con rendimenti netti anche del 10%.

Gli USA sono uno stato solido e con una giustizia veloce ed efficacie.

Per gli immobili esistono società di gestione che pensano a tutto loro, dall'incassare gli affitti, fare lavoretti di ordinaria manutenzione e liberare gli appartamenti da eventuali inquilini morosi.

Infatti devi sapere che un inquilino non paga, nel giro di massimo 34 giorni viene sbattuto fuori dalla tua proprietà!

Da un punto di vista fiscale, con poco si può aprire una società, intestare gli immobili, pagare pochissime tasse rispetto a quelle italiane anche perché si portano tutte le spese a costo!

Devi quindi sapere che per fare tutto ciò, non devi nemmeno prendere l'aereo, volendo si può gestire tutto dall'Italia.

La trasparenza del mercato degli Stati Uniti è così elevata che su siti dedicati si trova di tutto, dal prezzo delle compravendite per quella casa, al prezzo delle case vicine, alle tasse da pagare ecc.

L'America e le monete dello zio

Vogliamo concludere con una storia, che rende l'idea di come noi possiamo cambiare il nostro futuro in base alle decisioni che prendiamo oggi.

America, luogo che si presta ad un sogno ed anche alle storie.

Sono seduto ancora a tavola quando mio figlio mi chiede di sistemare alcune monete nel raccoglitore.

Non hanno valore, se non quello di circolazione, serve solo per tenerci impegnati in un'attività comune e dialogare tra padre e figlio sui fatti della giornata, per questo lo assecondo volentieri.

Proprio prima di addormentarsi mi chiede di raccontargli una storia di quando ero piccolo.

Ale, é tardi devi dormire.

L'America e le monete dello zio

Babbo solo una storia, mi racconti del tuo zio che è stato a lavorare in **America**?

Sai come fanno i bimbi, quando si mettono in testa qualcosa vanno avanti fino a che non la ottengono:

Lo zio d'**America** é diventato famoso per le sue monete.

Peccato che lo sia diventato dopo essere andato in cielo.

Perché babbo?

Lasciami raccontare:

Tutto è iniziato nei primi anni del secolo scorso, quando lo zio Marco, zio del mio nonno, stanco delle sue origini contadine e del duro lavoro quotidiano solo per mangiare un tozzo di pane e poco più, si arma di coraggio e a soli 20 anni, con solo una piccola valigia con se, parte per l'**America**.

Dopo oltre 3 settimane di navigazione arriva in **America**, negli Stati Uniti, per vivere il sogno americano.

America, il sogno si avvera.

La fortuna vuole che trova lavoro come fornaio, è abituato alla fatica e a dormire poco.

Passano 10 anni e lo zio americano riesce a mettere da parte dei buoni risparmi.

Ma c'è un problema: gli mancano troppo i suoi amici, la sua terra e la sua famiglia.

Non riesce nemmeno a crearne una sua perché troppo impegnato a lavorare giorno e notte.

Decide allora di lasciare l'**America** e di tornare nella sua amata Italia.

Dopo l'America, il rientro a casa.

Peccato che quando torna, pochi mesi dopo, l'Italia decide di entrare in guerra e lo zio americano viene chiamato al fronte.

Dal fronte non fa più ritorno e nessuno sa dove abbia messo i suoi risparmi americani.

Come dicevo, diventa famoso dopo essere andato in cielo, ma non subito, ci vogliono altri 70 anni, quasi una vita, quando alla fine degli anni '80, viene ristrutturata una stalla in mattoni proprio di fronte alla casa dello zio americano.

Lo zio d'America diventa famoso!

Durante la demolizione di un muro, si risolve il mistero dei risparmi dello zio americano, di cui oramai non si parlava più e che tutti pensavano fosse solo una leggenda, quando invece, ecco spuntare una scatola di alluminio.

I muratori si precipitano subito curiosi a vedere di cosa si tratta, non sanno ancora del tesoro che dentro vi é nascosto…

Provano a scuotere e sentono il tintinnio di metalli, aprono e finalmente tornano alla luce tutti i risparmi di oltre 10 anni di lavoro dello zio americano!

A tutti verrebbe voglia di fare una grande festa, chissà quanto varranno!

Lo zio d'America e la brutta sorpresa.

Beh, qui l' amara sorpresa:

Lo zio d'America avrebbe potuto comprarsi un intero podere con quei soldi. Terreni, casa, stalle e fienile, che avrebbero dato da vivere e mangiare a tre famiglie di una volta, belle numerose!

Invece, a causa dell'inflazione, non servono più a nulla, se non da mettere nei raccoglitori di monete e tenere da far vedere ai bimbi.

Lo zio americano non è stato molto fortunato, ha lavorato tanto e non è riuscito a godersi il frutto del suo duro lavoro, ma questo ci deve essere da lezione per non fare lo stesso errore.

Cosa imparare dallo zio d'America?

Morale della favola:

C'è un tarlo nei nostri risparmi che si chiama INFLAZIONE ed è come un "fuoco" che brucia i nostri risparmi.

Il solo tenere i soldi fermi e al sicuro, non vuol dire che lo siano veramente.

Con tutta la moneta che viene stampata oggi, i nostri risparmi perdono di valore se non ancorati a qualcosa di fisico come può essere un terreno o meglio una casa che se messa a reddito ti garantisce anche un'entrata costante mensile e mantiene il valore del tuo capitale nel tempo.

L'America, una possibilità anche per te!

Allora non fare come lo zio americano!

Se avesse comprato un podere, si sarebbe garantito per se e per i suoi familiari una rendita costante ed un valore che sarebbe arrivato ad oggi moltiplicato molte volte.

Tu oggi puoi decidere se fare come lo zio d'America e nascondere i soldi nel muro (oggi diremmo in banca), in attesa che l'inflazione faccia il suo sporco lavoro e distrugga tutto il loro potere d'acquisto.. oppure investire il tuo capitale, frutto di sacrificio, per farlo lavorare al posto tuo al fine di percepire una rendita mensile e moltiplicare il capitale nel tempo.

Buona scelta!

Testimonianze

Dal Libro <u>"How to Invest in Usa Real Estate"</u>

From the United States

Roberto Lobrace

⭐⭐⭐⭐⭐ **Great knowledge for people looking to invest in real estate**
Reviewed in the United States on December 10, 2020
Verified Purchase

If you are looking for a book that breaks down all the different aspects of real estate investing this is the one. It offers great knowledge and a foundation on where to start.

One person found this helpful

| Helpful | Comment | Report abuse |

Minjka

⭐⭐⭐⭐⭐ **Complete guide for me.**
Reviewed in the United States on December 2, 2020
Verified Purchase

This is a great book for beginners and experienced real estate investors! I really liked how everything was broken down and explained in detail. It also comes with useful digital resources, such as the rental property calculator. Highly recommend!Hope the man who buy this book must get the best ideas.

| Helpful | Comment | Report abuse |

Alessio

★★★★★ **LIBRO INTERESSANTE, UTILE E PRATICO! CONSIGLIATO!**

Recensito in Italia il 11 dicembre 2020

Acquisto verificato

Il libro di Michele si distingue per essere pratico e puntuale su un argomento molto interessante e utile da scoprire come gli investimenti immobiliari negli USA. Ti spiega come farlo...

L'autore va dritto al sodo e questo è molto importante per chi vuol capire e iniziare ad approfondire questa tematica, senza perdersi troppo in inutili parole.

Libro comprensibile e ben scritto.

Molto consigliato!!!

| Utile | Commento | Segnala un abuso |

 Alberto Banci

★★★★★ **Essential book for investing in real estate in the united states!**

Recensito in Italia il 5 dicembre 2020

Acquisto verificato

I just finished reading this book and I'm really excited! There are some important ideas on how to approach the world of real estate investments, which I didn't know ... an enlightening book! I had been looking for something that would shed light on this interesting business for a long time and Michele with this book succeeded! After all he and the companies he belongs to ("FEM SRL", "investire negli Stati Uniti") are great experts in investing in this sector both in Italy and in the United States, so I will certainly continue to follow him!

| Utile | Commento | Segnala un abuso |

Traduci recensione in italiano

 Massimiliano D'Alonzo

★★★★★ **Essential book if you want to invest properly in real estate**

Recensito in Italia il 30 novembre 2020

Acquisto verificato

Great book that analyzes various aspects of U.S. real estate.

It provides the right tools to approach the first investments, what to choose and where it is best to invest, the various rental solutions, how to set up a negotiation and how to set up in the right way a company in the U.S. to exploit for rent and beyond.

Nice book that knows how to introduce to the topic even those who know little about real estate and want to discover new investment opportunities in USA Bravo Brizi nice work.

Cliente Amazon

★★★★★ **Miglior libro**

Recensito in Italia il 6 dicembre 2020

Il libro tratta in modo semplice ma preciso come affrontare gli investimenti immobiliari in America. Scorre bene e ho scoperto un sacco di cose nuove che ho dato per scontate. Consigliato.

Utile	Commento Segnala un abuso

Tradotto dalla lingua Inglese da Amazon
Vedi originale · Segnala un problema con la traduzione

 Alberto Banci

★★★★★ **Libro essenziale per investire nel settore immobiliare negli Stati Uniti!**

Recensito in Italia il 5 dicembre 2020

Acquisto verificato

Ho appena finito di leggere questo libro e sono davvero entusiasta! Ci sono alcune idee importanti su come affrontare il mondo degli investimenti immobiliari, che non conoscevo... un libro illuminante! Ero alla ricerca di qualcosa che avrebbe fatto luce su questo business interessante per molto tempo e Michele con questo libro ha avuto successo! Dopo tutto lui e le aziende a cui appartiene («FEM SRL», «investire negli Stati Uniti») sono grandi esperti nell'investire in questo settore sia in Italia che negli Stati Uniti, quindi continuerò sicuramente a seguirlo!

Utile	Commento Segnala un abuso

Tradotto dalla lingua Inglese da Amazon
Vedi originale · Segnala un problema con la traduzione

 Francesco

★★★★★ **Esaustivo e chiaro, un'ottima guida!**

Recensito in Italia il 2 dicembre 2020

Acquisto verificato

Se vuoi capire come funziona il mercato immobiliare americano, devi andare a prendere informazioni da chi lo conosce e ci lavora da anni... parti da qui.

Utile	Commento Segnala un abuso

 Davide

★★★★★ **N°1 libro da n°1 Persona!**

Recensito in Italia il 2 dicembre 2020

Acquisto verificato

Michele è una persona fantastica. Questo libro può aiutare tutti coloro che vogliono investire denaro in modo corretto invece di lasciarli in una banca che dorme. Assolutamente affidabile! Bel lavoro!

Utile	Commento Segnala un abuso

217

Cosa le persone dicono di noi:

"CONSIGLIATISSIMO!!! Non potrei iniziare in maniera differente questa mia breve testimonianza. Ero alla ricerca di qualche investimento immobiliare su internet e mi sono imbattuto sul sito http://investireneglistatiuniti.com/ Scrissi loro una mail, ma senza la convinzione che ne potesse uscire qualcosa di interessante. Michele, vedendo che chiedevo un investimento all'estero, mi ha indirizzato e fatto contattare da Roberto. Vivendo all'estero e non potendo andare a conoscerli nella loro sede per capire che non fosse una delle tante "bufale" che si trovano su internet ho fatto subito delle ricerche su internet inerenti la loro società e Roberto. Capii subito che non era una "bufala".

Basta digitare Roberto D'Addario su internet per capire l'affidabilità e serietà della persona (vi invito a farlo). Ma la cosa che più mi ha messo a mio agio è stato il modo di fare di Roberto. Alla prima chiacchierata su skype, Roberto, nonostante la scarsa connessione internet, ha voluto subito attivare il video per dar un volto alla persona con cui avrei trattato il mio investimento. Nelle successive chiacchierate skype, in cui mi spiegava con molta pazienza e nel dettaglio tutto quello che c'era da spiegare, mi ha condiviso il suo schermo del pc e mostrato diversi documenti relativi agli investimenti ed i vari report legati alle locazioni. Insomma, nonostante vivo all'estero, non conoscevo Roberto, nessuno dei miei amici aveva mai collaborato con lui, devo dire che il suo modo di fare e il fatto di avermi messo a proprio agio, oltre l'enorme conoscenza del mercato immobiliare e finanziario ha fatto si che dessi lui tutta la mia fiducia. Sono da poco diventato un felice possessore di un appartamento a Philadelphia ed ora stiamo valutando i prossimi investimenti da fare. Insomma, che dire, non perdete tempo, contattatelo per una chiacchierata conoscitiva e vedrete che in brevissimo tempo saprà mettervi a proprio agio e curare al meglio i vostri investimenti.

Vedrete poi che acquistare una casa negli USA è semplicissimo e fattibile in pochi scambi di mail, cosi come costituire una società e aprire un conto corrente. Se volete contattarmi per una testimonianza dal vivo chiedete tranquillamente a Roberto il mio contatto skype. Buon investimento a tutti con....Roberto D'Addario." Riccardo

"La nostra esperienza con "Investire Negli Stati Uniti" è stata ed è tutt'ora straordinaria. Conoscevamo i fondatori da tempo e sapevamo benissimo quanto fossero professionali, capaci e soprattutto trasparenti e chiari. Ci sono venuti incontro sempre ad ogni nostro dubbio o domanda e ci hanno (e stanno continuando a farlo) seguito passo dopo passo nella realizzazione di questo ottimo investimento. Il mercato immobiliare americano offre tantissime situazioni interessanti e Michele e Roberto sono straordinari nel farti cogliere al volo le varie opportunità che solo un posto come l'America può dare. Consigliamo vivamente la diversificazione del proprio patrimonio affidandovi a Michele e Roberto e non neghiamo che, qualora l'euro si dovesse rafforzare ulteriormente, saremmo già interessati anche ad un secondo investimento. Complimenti ancora per la professionalità e l'idea!" Enrico

"Ero completamente scettica e lo sono rimasta fintanto che non ho visto con i miei occhi la semplicità con cui sono stata accompagnata e supportata da Roberto e Michele nell'affrontare questo tipo di investimento che oggi mi genera costanti flussi mensili senza alcuna preoccupazione. All'inizio ero molto preoccupata, anche perché potete immaginare la comprensibile diffidenza di affrontare questo genere di operazione senza andare sul posto e senza mai esserci nemmeno stata! Oggi a distanza di tempo mi ritengo estremamente soddisfatta dell'investimento effettuato che consiglio a tutti di fare!" Antonella

"Sono sempre stato scettico nei confronti degli investimenti, ogni volta si trattava di affidare i miei soldi a qualcuno che avrebbe saputo "farli fruttare". Ogni volta che mi sono fidato di questi "specialisti" ho perso soldi. Sono arrivato a Roberto casualmente, tramite Google ed ho subito notato una differenza: Roberto risponde alle domande, non si tira indietro, non si arrampica sugli specchi. Questo mi ha dato fiducia e mi ha spinto ad andare avanti. Per la prima volta, grazie a lui, ho fatto un investimento di cui comprendo le logiche e i rischi. Il suo supporto è puntuale e rigoroso, è un piacere comunicare con lui." Giorgio

"Ho intrapreso la strada dell'investimento immobiliare USA da poco tempo, ma al momento non posso che ritenermi soddisfatto. Semplicità di gestione anche dall'Italia, carico burocratico ridicolo per i nostri parametri, rendimenti elevati. La cosa che mi ha più colpito è la trasparenza: attraverso pochi click mi è stato possibile verificare l'esistenza dell'immobile e la storia delle sue transazioni altro che visure camerali. . . " Manuel

"Ho contattato Investire negli Stati Uniti per investire nel mercato immobiliare americano attratto dalle opportunità che il mercato USA offre oggi. L'impressione che ho avuto parlando con Roberto è stata ottima in quanto, analizzando la mia situazione finanziaria, mi ha fatto comprendere che rispetto alla mia situazione patrimoniale l'investimento non sarebbe stato appropriato ed era meglio valutare delle alternative.

In assoluta libertà e gratuità, ho quindi ricevuto da parte di Roberto un supporto adeguato alle mie esigenze senza che nulla mi fosse venduto contrariamente da quanto avviene in altre situazioni. Ho apprezzato questo modo di lavorare, pur non avendo acquistato nulla, in quanto ho riscontrato una grande serietà personale, professionale e soprattutto morale." Luca

"Ho deciso su questa tipologia di investimento per diversificare il mio portafoglio, ritenendo opportuno investire una quota del mio patrimonio nel settore immobiliare. Mi sono fidato di Investire negli Stati Uniti per la mia conoscenza pregressa da un punto di vista professionale con il Dott. Roberto D'Addario e perché insieme a Michele Brizi è stato in grado di creare una tipologia di diversificazione in ambito immobiliare in Usa, automatizzando il tutto senza essere presenti in tutta la trattativa andando in America. Quanto necessario è stato fatto online tramite skype con tutte le spiegazioni del caso. Una volta finita la trattativa che dura meno di un mese, il mese seguente percepisci già la rendita da locazione senza preoccuparsi di nulla; questo perché dall'altra parte ci sono figure come il Property Manager che gestiscono il tutto.

Consiglio questa tipologia di investimento perché, tra le altre cose, rientra nell'ottica di diversificazione del capitale con degli ottimi ritorni sul capitale investito e anche perché sei sempre seguito da esperti del settore di grande esperienza. Ringrazio moltissimo il dott. Roberto D'Addario e Michele Brizi per questa grande opportunità e per il lavoro svolto con grande umiltà e dedizione, davvero molto bravi… " Pierluigi

Gli Autori

Michele Brizi è un **consulente immobiliare**. Appassionato di case ed investimenti immobiliari fin dalla tenera età, grazie alle proprietà immobiliari e attività di genitori e parenti che si son sempre trovati ad affittare immobili e lavorare nell'immobiliare.

Concluso il liceo scientifico, gli studi ad Oslo e la laurea in Economia presso l'Università di Bologna, conseguita nel 2002, si è formato continuamente e costantemente con tutti i migliori formatori italiani e americani. Subito dopo la laurea, opera nel settore immobiliare dal 2002, iniziando dalla contabilità e finanza, poi alla vendita, in particolare di case in costruzione, ed infine agli investimenti immobiliari. Insieme ad altri soci ha realizzato la prima palazzina in Classe "A" su Rimini tramite il cambio di destinazione d'uso da albergo ad appartamenti.

Nel 2005, grazie alla FIAIP, ha studiato con la N.A.R. (National Association Realtors) ed è appassionato del mercato immobiliare americano. Ha consigliato ad investitori italiani di acquistare case a reddito negli Stati Uniti ed ha effettuato molte transazioni immobiliari e investimenti in molte città degli Stati Uniti come Chicago, Columbus, Philadelphia, Baltimora, Tampa e Orlando in Florida.

Esperto di aste immobiliari, NPL, UTP e marketing immobiliare.

Ha venduto molte case in un giorno grazie alla formula vincente dell' "Open House" abbinata all'Home Staging, imparata direttamente alla fonte, dagli Americani.

A novembre 2020 ha pubblicato il suo primo **libro " How to Invest in USA Real Estate"** che puoi acquistare su Amazon.

Insieme a Roberto e Federico, ha realizzato un **video corso** completo dalla A alla Z **"Case a Reddito in USA"** che ti insegna passo a passo come acquistare case affittate in America.

Sposato e padre di due figli, divide il suo tempo tra lavoro e famiglia.

Se vuoi saperne di più, se hai problemi immobiliari da risolvere e vuoi metterti in contatto con lui, è a disposizione per una consulenza immobiliare.

Puoi contattare Michele Brizi su Skype: michele.brizi

Tramite e-mail: michele.fem@gmail.com

Oppure tramite SMS o WhatsApp al +39.347.1193614

Roberto D'Addario è un **Financial Coach**, laureato in Economia Aziendale, il suo percorso professionale è maturato nel settore finanziario inizialmente sulla conoscenza dei principali strumenti di investimento ed in seguito sulle diverse forme di impiego adottate dal sistema bancario. L'esperienza nella gestione dei patrimoni, la continua formazione e ricerca sui mercati finanziari lo hanno portato a pubblicare i **libri: "Ahi banca – Come gestire al meglio i propri risparmi","Indipendente per vocazione!"; "Imparare ad Investire: Come Gestire e Costruirsi il proprio Patrimonio"** ed a collaborare in alcuni interventi con delle testate giornalistiche tra cui il settimanale **PLUS 24 de "Il Sole 24 Ore" ed il periodico "Investor's".**

L'esperienza maturata gli ha consentito di sviluppare competenze che esulano dal solo contesto finanziario come ad esempio quella nel campo immobiliare degli Stati Uniti che lo ha portano a seguire costantemente dei clienti che vogliono aderire a questo tipo opportunità di investimento svolgendo una consulenza completa che parte dalla individuazione e selezione dell'immobile in funzione del budget ma soprattutto in ottica di diversificazione rispetto al patrimonio personale posseduto per poi proseguire per quanto riguarda gli aspetti di gestione successivi (apertura di conti, individuazione delle società di property management, ecc…)

Dalla precedente esperienza lavorativa, svolta per un decennio nell'Arma dei Carabinieri e terminata nel 2006, ha conservato l'estrema correttezza e riservatezza nei rapporti personali e professionali.

Puoi contattare Roberto D'Addario su Skype: robertodaddario77

Tramite e-mail: daddario@rdfinanza.it

Oppure tramite SMS o WhatsApp al +39.347.6638741

Il nostro Regalo del valore di 97 €

Grazie per aver letto questo libro, creato dalla raccolta di articoli scritti nel corso di 5 anni sul nostro blog: **www.investireneglistatiuniti.com**

Siamo convinti che ti sia stato di aiuto, ispirazione o perlomeno ti abbia incuriosito e portato alla luce un mondo per te nuovo. A questo servono i libri, ad aprire la mente.

Se desideri fare da solo e mettere a frutto i tuoi capitali, clicca nel link qui sotto o copialo su internet, ed avrai tutte le informazioni sul **Video Corso "Case a Reddito in USA"**:

https://www.femsoluzioniimmobiliari.it/courses/case-a-reddito-in-usa/product_page

Come ultima cosa, desideriamo farti un nostro personale **REGALO**:

una consulenza telefonica **GRATIS** direttamente con Michele o Roberto del valore di **97 euro**.

La consulenza telefonica gratuita ti sarà estremamente utile per approfondire, chiarire alcuni aspetti, avere maggiori dettagli e darti ulteriori chiarimenti tramite un collegamento diretto con gli autori.

Per utilizzare la consulenza telefonica gratuita con Michele Brizi contattalo al +39.347.1193614

Per utilizzare la consulenza telefonica gratuita con Roberto D'Addario contattalo al +39.347.6638741

Se fossero impegnati, lascia un messaggio oppure contatta i nostri uffici per fissare un appuntamento:

Scrivi a :info@investireneglistatiuniti.com

Oppure chiama il numero: +39.0541.411095

Mi raccomando, fai della tua vita un capolavoro!

CPSIA information can be obtained
at www.ICGtesting.com
Printed in the USA
LVHW080732050221
678441LV00010B/291